あなたに伝えたい
政治の話

三浦瑠麗

文春新書

1186

あなたに伝えたい政治の話◎目次

プロローグ　なぜ安倍政権は続くのか？

自民党総裁選挙での再選を受け、安倍晋三総裁の任期は２０２１年までとなりました。現在の衆議院議員の任期は２０２１年秋までですので、それ以前に衆議院の解散が行われず、自民党が与党の座にとどまる限り、もう3年間は安倍政権が続くことが予想されます。その時点まで政権を担ったとすると、第二期政権以降で9年、第一期政権期を入れると10年以上にわたって総理の座にあることになり、日本の憲政史上歴代最長の政権となります。

安倍政権はどうしてここまで長期化したのでしょうか。その勝ちパターンは何か。同時代の各国の政権と比べた特徴は何か。長期政権を担うだけの歴史的使命を果たせているか。そして、政治的成功の裏にある足らざる点は何か。本書の目標は、安倍政権が取り組んできた諸課題への評価を通じてこれらの問いに答えることです。安倍政権の初期を扱い、２０１５年に出版された前著『日本に絶望している人のための政治入門』（文春新書）に引き続いて、本書では主に２０１５年から２０１８年にかけての日本政治に焦点を当てています。

前著を出した頃は、安倍政権は２０１４年末の衆院選で勝利して、ふたたび政権基盤を固めたところでした。アベノミクスはじめ、政権が設定した政策課題がまだ進んでいる実感があり、勢いもあった。けれどもそこから3年のあいだに、政治に何が起きてしまったのか、といぶかしむ状況が起きています。政権交代を経験した野党はほぼ解体し、エリートに対する不信が広がり、政権は不祥事をずっと引きずって大きく政治的資源を毀損しています。

しかし、内閣支持率に関しては、いったん低迷した後にまた上がるという、各国ではなかなかない現象を繰り返しています。各国のメディアは、安倍政権が危機に直面するたびに、今度こそ一巻の終わりではないかと予測するのですが、誰もが首をかしげるような支持率の復活が見られるのです。

なぜ安倍政権の支持率は回復するのか。日本のメディアでは、その理由はほぼ二つから説明されていると思います。一つは、野党に勢いがなく政権交代の可能性が想定しえないこと、もう一つは、自民党内に有為なライバルが存在せず、小選挙区制導入以来首相の権力が高まった結果として、選挙や大臣ポストを気にする党内がみな総理に気兼ねするようになってしまったこと。平たく言えば、他に選択肢がないから、ということになります。

その二つの理由には十分に納得できるところがあります。けれども、理由はそれだけでしょうか。その二つの仮説には、政策や政権運営戦略の存在感がありません。野党の凋落の理由をすべて安倍政権に求めることもできないでしょう。とすれば、この長い3年間のあいだに日本政治がどのような展開を見せたのか、先入観なしに振り返ってみる必要があるのではないでしょうか。

本書の各節で日付を記したものに関しては、政治ブログの「山猫日記」や各誌に掲載された評論を軸に、加筆修正を施《ほどこ》したものです。対象となる期間は、安倍政権が本格政権としての基盤を固め、安保法制をはじめとする一番大きな仕事をした時期であり、同時に、政権の長期化に伴う「飽き」が厳しい政権批判へとつながった時期です。本書は、安倍政権への中間的な総括を試みるものでもありますが、政治は生ものでもあるので、その時々の日本政治の息づかいを損なわないようになるべく執筆時点の表現を残しています。

現在の日本政治を構造的に把握し、日本政治史に残る重要な存在となるであろう安倍政権の本質を理解する一助となれればと思います。

安倍政権の勝ちパターンとは？

安倍総理が長期政権を実現させている勝ちパターンを簡潔に表現するとすれば、それは、攻めと守り、積極性と消極性のバランスを巧みにコントロールすることで選挙に勝ち続けるプラスのサイクルを維持していることです。そこにはある種の老練さがあります。

政権の積極性として評価すべき最大の点は歴史的、国際的に見て基本的に正しい課題設定を行っているということです。改革に逆行はしない。経済的な基盤を再活性化して日本の存在感を高める。時代にそぐわなくなった諸課題を乗りこえるための政策を導入する。政権戦略のこの根本部分は、第二次政権が発足してから基本的に変わっていません。国民の間で意見が分かれる政策を押し通し、あるいはスキャンダル対応をめぐって支持率が低下しても、その都度回復してきたのはこの根本方針への支持が高いからです。

政権が明確に守りに入っている事項は、与党を割りかねない論点です。安倍政権は、自民党の支持基盤を分断するような政策や、与党の支持基盤を危険に晒《さら》すような政策には踏み込んでいません。その点は、同様に長期政権であった小泉政権と対照的です。内政上最も重要な経済政策は、官僚機構の通常運転に味付けする程度の安全運転に終始しています。

本来、政権の看板政策であるアベノミクスは、拡張的な金融政策と財政政策でデフレ傾向を克服し、その間に構造改革を推し進めて経済の生産性と潜在成長率を高める政策のはずでした。ただ、構造改革の本質は「競争」を促進することですから、どうしても既得権益層との対立を生みます。その結果、「大玉」の改革案件はほとんど先送りされてきました。

逆に、政権がもっとも攻めに出て存在感を発揮してきた施策は、民主主義による合意形成の必要が低い外交と金融の分野に存在します。金融政策は日銀が行うもので、外交では首相のリーダーシップが広く認められているからです。また、日本では拡張的な財政政策には反対が起きにくいという特徴がありますから、この点で政治的リスクはほとんどありません。政権のもつ積極性と消極性の同居は、コインの表裏の関係にあるわけです。

そして、政策とは別に政治あるいは政局の次元での手堅さがあるのも事実でしょう。いわゆるモリカケ問題では政権の危機管理能力が厳しく問われたものの、歴代政権と比較して攻守の峻別《しゅんべつ》は巧妙です。閣僚の失言やスキャンダルに対して容赦なく「切る」場合もあれば、徹底して守る場合もある。公文書の改ざん問題で矢面に立った麻生太郎財務相を守り切ったのは、同派の支持が政権基盤の揺らぎに直結するからです。

また、選挙における課題設定や政治的資源をいつどのように使うかについても巧みさがあります。直近5回の選挙では、いずれも経済政策を前面に出しながら戦って勝利しています。そして、そこで得た政治的資源は「戦後レジームからの脱却」案件を進めるために投入されてきました。特定秘密保護法、安保法制、共謀罪などは国内からの反発が大きい政策であり、支持率にも影響が出ました。ただ、これらの政策は戦後政治のコンセンサスから一歩踏み出すものではあっても、現代の先進各国と比較すれば穏健な内容であり、支持率は一定期間を経て回復します。この攻守の使い分けと、短期的な選挙での勝利を積み重ねて支持を更新していくサイクルが、政権の勝ちパターンを支えているのです。

ボケていく構造改革の重要性

こうして日本は長期安定政権を得ました。その最大の代償は、構造改革が遅々として進んでいないことです。改革の「大玉」はほとんど先送りされています。日本という国家の中長期的に見た最大の課題は、少子高齢化であり、先進国内での低位で推移する潜在成長率を改善できていないことです。特に、人口減少局面における成長は、基本的には生産性の改善を通じて見出すしかないにもかかわらず、成果はほとんど出ていません。

生産性の改善には、①競争の促進、②積極的な投資（IT化やAI化、あるいはそれを支える人材スキル）、そして③低生産性セクターから高生産性セクターへの資源移動が重要です。これらの政策は別に目新しいものではありません。1990～2000年代にかけて先進各国で進められた労働市場の柔軟化や、グローバル化への対応を周回遅れで実施しようとしているに過ぎないからです。国内の政治的合意を取り付けるハードルは高いにしても、解は出ているからです。高い支持率を誇る安倍政権さえこれらの課題に取り組めないとすると、なかなか暗澹《あんたん》たる気分になります。もっとも、そこは論理が逆の可能性があって、これらの難しい案件に挑戦していないからこそ、支持率が高いのかもしれません。

構造改革に関する分野で評価すべき成果が出ているのは、「黒船の論理」に依存した経済外交の分野でしょう。米国が離脱して空中分解の危機にあったTPP（環太平洋経済連携協定）をTPP11という形でまとめたのは、日本外交史に残る金字塔であると思います。EUや豪州とのEPA（経済連携協定）についても高く評価すべきでしょう。

国内の挑戦が難しいけれど改革の必要性が高い分野は三つあります。第一は農業等の第一次産業に関する分野。第二は、社会保障の一環として国費投入を伴う年金、医療、介護に関する分野。第三は、全産業に影響し経済の新陳代謝に直結する労働に関する分野です。

日本の農林水産業の危機は深刻です。農業従事者の平均年齢は67歳、地域によっては70代です。日本の農業はいつ突然死してもおかしくない状況にあります。安倍政権の下では、減反政策の転換、農業生産に加工や販売、マーケティング等を組み合わせて高付加価値化を促す政策（6次産業化）、輸出促進等の評価できる部分もあります。しかし、戦後の農地改革を通じて人為的に作り出された小規模家族経営主体の農政を転換するという本筋には全く踏み込めていません。

そのために必要なのは、技術と資本を投入可能な株式会社の農業参入を促し、競争の促進を通じて生産性の低い事業者の退出を促すことです。そのためには、時代遅れの農地法を抜本的に改革することが必須です。農政改革に反対してきた農協の改革に政治的エネルギーを使わざるを得ないというのもわからないでもないですが、農業の危機の深刻度に比して、政策実行のスピードがあまりにも遅いのです。

年金、医療、介護の分野における改革は、高齢者の反発を招かない範囲での細かい手直しにとどまっています。国民福祉の柱となっている現行制度の手直しを通じて持続可能性を高めたいという視点は理解できるものの、政策の実行速度が危機の深刻度に対応できていません。福祉分野への国費投入は毎年0・6～0・8兆円単位で増加しており、財政悪化の最大の要因です。同分野の改革は公的支出の抑制以外に、新規市場の育成にも、生産性の向上にも資するはずなのですが、どうしても難しい論点は先送りされてしまう。

年金分野では、支給開始年齢を継続的に上げること。そもそも年金の趣旨は長生きのリスクに社会全体で応えること。その原則に立てば、平均寿命前後までは個人の責任で備えるのが当然ということになります。平均寿命の伸長に合わせて定年制等の時代遅れの制度を併せて見直すのは当然です。医療や介護の分野では、国民皆保険の対象となる部分と消費者が選択するプラスアルファの部分を峻別すべきです。国民皆保険は、福祉国家が死守すべき最重要の制度です。である以上は、何よりも制度の持続可能性が重要であり、あらゆる終末期医療や最先端医療を対象にすることはもともと不可能なのですから。

労働分野の改革は、日本経済のインプットを増やし、生産性を高めるために不可欠の分野です。そして、安倍政権が当該分野で掲げる政策目標自体は正しいと思っています。労働分野のインプットを増やすためには、女性と高齢者の就業率を高める以外にはありませんから、双方に取り組んでいる姿勢は評価できます。が、ここでも踏み込み不足は指摘せざるを得ません。働く家族（女性に限らない！）を支援するための待機児童対策にしても、各自治体の整備状況を側面支援するだけでなく、国家として「良質な幼児教育及び保育を受ける権利を保障する」くらいの原則を打ち立てる必要があると思っています。

労働分野の生産性を高めるためには、労働市場の流動性を高めなければなりません。そうでなければ、生産性の低い分野から高い分野への移転が促されないからです。働き方改革で進められた労働の柔軟化ももちろん重要なのですが、本丸は金銭解雇の自由化を認めること。国家が労働者を保護するための金銭補償の水準を定め、同時に、再就職支援や職業訓練を充実させる。労働者の権利が最も保護されているとされる諸国で実証済みの考え方です。それ以外の方法で、産業全体、国全体の生産性を高める方法はないのですから。

戦後レジームからの脱却は果たせたか

では、安倍政権がもっとも実現したかった政策である、戦後レジームからの脱却はどの程度果たされているのでしょうか。第二次政権以降、安倍総理は戦後レジームからの脱却という目標を封印したという解説がメディアに散見されますが、それは誤りであると私は思います。実はこの分野においてこそ、成果が積みあがっているからです。最大のものは、戦後日本の知的なコンセンサスに近かった一国平和主義的な発想から脱却したことです。

そもそも、安倍内閣において憲法改正を検討しうるのは、この一国平和主義的な発想が国会の議席配分において3分の1を割り込んでいるからです。もちろん、意識変化の背景には中国の台頭や北朝鮮の核保有国化があるわけで、手放しで歓迎できるわけではありません。ただ、国民意識をリアリズム寄りに変化させた功績は大きいと思います。

戦後レジームからの脱却という言葉はあいまいなものです。これをおおよそ三つのカテゴリーに分類してみましょう。第一は、一国平和主義を克服するための具体的な安保政策の肉付けに当たる政策です。その変化の最大のものは、2015年に成立した安保法制であり、中でも集団的自衛権行使の部分的容認です。法文上は、日本が存立の危機にある時にのみ発動できるという形をとっており、抑制的ではありますが、大きな変化です。他にも、日本の政軍関係における特有の制約になっていた文官優位システムを改め、日本のシビリアン・コントロールのあり方を世界標準に近づけたことが挙げられます。いわゆる敵基地攻撃能力の議論を始めたこともあるでしょう。

第二は、歴史問題に対する一定のコンセンサスを確立したことです。戦後長きにわたって、安保政策以上に左右を分断してきたのがこの歴史問題でした。一方の陣営は、日本の海外における加害と銃後の生活者の被害のみを語り、そこからのあらゆる逸脱を攻撃し、他方の陣営は、それへの対抗言説として極端な認識を開陳し、国際社会からは到底受け入れられない自己中心的な世界観を形成してきました。

安倍政権は、米国の上下両院合同会議での演説、真珠湾訪問、戦後70年談話、オバマ米大統領の広島訪問等の機会をとらえて、歴史認識の一定の収斂《しゅうれん》に成功しました。これらの機会に、保守陣営を代表する安倍政権が過去の反省について明確な言葉で語ったからです。チェックリスト的に設定されたすべての語句が含まれているかどうかとは別の次元で、内外の常識的な観察者からすれば日本の反省は十分に伝わったからです。これが保守優位の下での和解であったことが歴史的には重要でした。保守を代表する政権が、国際的に通用するリベラルな価値観に歩み寄ったことで、国民の間に一定のコンセンサスが生まれたことです。

第三は、あらゆる国家権力の行使に抵抗を覚える体質の克服であり、民主主義の先進各国が標準的に備えているツールを導入することができたことです。特定秘密保護法の導入はもちろん、言論の自由と国民の安全との間の緊張関係を含むものです。ただ、国家の安全のためには、一定の情報管理が必要であり、国際的に情報機関同士の協力が必要であるのもまた事実です。そして、情報分野において日本が持っているツールが非常に脆弱であるというのが国際的な認識でした。共謀罪に関しては、構成要件のあいまいさや、国会での法相の稚拙な答弁は問題であり、私は改正案に反対しました。他方で、高度化する組織犯罪やテロに対して国を守るためのツールが必要という現実はあります。政府側の対応に、とにかく法案を通すための場当たり的な対応やごまかしがあったのは残念でした。しかし、戦前の治安維持法の復活という情緒的なキャンペーンへの支持は広がりませんでした。

では、戦後レジームからの脱却に関して積み残された問題は何でしょうか。これらが、安倍政権の残りの任期における課題ということになるのではないでしょうか。一つ目は、憲法改正であると思います。憲法改正には、衆参での3分の2と、国民の過半の賛成を要しますから、大きな政治的エネルギーが必要です。政権後半の最重要課題となるでしょう。

二つ目は、周辺国との懸案の解決です。具体的には、中国、ロシア、韓国、北朝鮮との二国間の懸案の処理です。外交は相手のあることですから、機運が必要です。少しでも動かしうる可能性があるのはロシアと北朝鮮ですが、ロシアについては私はいささか懐疑的です。2018年9月の首脳会談では前提条件なしの平和条約締結の提案がありました。ロシアがもくろむ最終的な解決案を投げることで日本の期待値をコントロールした部分もあるでしょう。原理原則論を繰り返す以上の積極的な外交を期待したいと思います。仮に二島返還がまだ(ロシア側として)可能ならば、政治決着を行う時期に来ているでしょう。

北朝鮮については、15年以上繰り返してきた「対話と圧力」の路線は破綻しました。本書でも主張していますが、日本自身が硬軟両面で踏み込んで「国交正常化と軍備拡大」へと舵を切るべきと思っています。韓国の本音は、非核化を棚上げしてでも、南北融和を進め自国の安全保障リスクを減らすこと。米国の本音は、自国の安全保障を本格的に毀損しない範囲で得点を稼ぎ、中長期のコミットメントを減らすこと。中国の本音は、半島に対する中長期的な影響力を高めつつ、穏便な形で米国を地域から締め出すことです。物事は既に動き始めており、もはや、巻き戻すことはできないでしょう。

懸案事項を提起するためには、国交というチャネルが必要です。国際政治構造が自国に有利に機能しないのであれば、自ら動く以外にありません。その上で、東アジアの構造は日本に不利な形で次なる均衡点へと向かっていると覚悟すべきです。今後の推移はもちろん予断を許さないし、特にトランプ米大統領による不確実性は大きい。ただ、20年後の朝鮮半島の状況を予想しろと問われれば、核兵器は減りつつも残存し、中国の影響力が圧倒的な世界となっているのではないでしょうか。そして、米国の国益とズレが存在する以上、日本は自らの対処能力を高める必要があるのです。

三つ目は、戦後レジームの最大の特徴である米国との距離感をいかに再定義するかということです。私自身は、米国との友好関係、同盟関係そのものは日本の国益上不可欠のインフラであると思っています。他方で、日本にとって重要な東アジアの地域的な安全保障という具体的な文脈においては、米国のコミットメントを期待することはどんどん難しくなっていくだろうと思っています。米国の内向き化をトランプ大統領の存在と重ね合わせて理解する向きもありますが、米国の撤退傾向はトランプ大統領が登場する前から始まっています。２００６年の米国中間選挙が転換点だったと考えるからです。それからアジアでは大きく物事が動きました。トランプ大統領後もトレンドは継続する可能性が高いのです。

米国との距離感を再定義する場合、それは広範な分野に波及します。米国の国際戦略に乗っかるというのが、戦後日本の外交安保政策の根本なのですから当然です。中でも、沖縄の問題と非核三原則をめぐる問題が重要になってくると思います。日本に駐留する米国との関係を規定するのは地位協定ですが、政治的にそれが意味をもち、20年以上にわたって膠着《こうちゃく》状態におかれているのが沖縄問題です。これから起きる日米同盟の変化は、沖縄米軍基地の普天間返還と辺野古移設の是非という単純な問いに還元できないものになるでしょう。実務レベルでは、まずは決めたことを粛々と実現しようという雰囲気なのはわかりますが、政治的な決断を要するときなのではないでしょうか。

非核三原則の見直しとは、具体的には「持ち込ませず」原則の撤廃を宣言することであり、いわゆる核共有政策を探求することです。中国の台頭と北朝鮮の核保有国化という、日本にとって不利な安全保障環境の固定化が見込まれる中、日本自身が自国の生存に関わる部分についていつまでも部外者の地位にいつづけることはあり得ないと思うからです。

歴史的意義の揺らぎ

安倍長期政権の目的は、経済を活性化することで時間を稼ぎ、難しい構造改革と戦後レジームからの脱却を進めることでした。しかし、現実には民主主義の制約と党内を分断したがらない姿勢が、いくつかの消極性を生んできました。民主主義の制約が少ない領域、つまり金融政策と外交政策において、もっとも大きな成果を出しているのはそのためです。

実際には、自民党の支持基盤が割れるような構造改革に踏み込む気はないでしょう。そのかわり、官僚機構の通常運転の延長線上にある政策に優先順位をつけて取り組んできました。また、官邸の運営や国民に対する宣伝は巧みです。ただ、今後は、政権の終盤において本当の意味で日本の生産性が上がることも、潜在成長率が向上することも、大して期待できないと考えるべきです。

なぜかと問われれば、やはり安倍政権は歴史的使命として戦後レジームからの脱却のための政権であったからです。過去6年の間に実現したことは、いわば、「普通の国」路線の下、もっとはやくやっておかなければならなかった改革です。一国平和主義と、極端な反権力イデオロギーを乗り越えてそれを実現した手腕は評価すべきです。

そのうえで、政権の後半に向けての注文は、2018年現在の流動化する国際情勢に対応するための、いま一歩踏み込んだ政策の展開です。優先順位が高いのは、憲法の改正、本格的な保守政権という立場を生かした周辺国との懸案の解決、そして、日米関係の距離感を現在の米国の実態に即して再定義することだと思うからです。

「平和」をリアルに考える

安倍政権の目指した「戦後レジーム」からの脱却の道程を振り返ると、その一丁目一番地は安全保障分野の改革であったと思います。歴史認識にまつわる一方的な宣言や談話のように、現実の政策の変更とそのコストを伴わない分野とは違って、安全保障の政策変更は法律や憲法解釈の変更を伴い、合意形成のプロセスと膨大な政治的努力を必要とします。したがって、政権は十分に計算を行ったうえで、一大キャンペーンを展開して政策を実行に移したのです。もちろん、それで多少の支持を失うことも織り込み済みだったでしょう。

第二次以降の安倍政権において行われた安全保障分野での脱戦後レジーム政策は、2013年12月の特定秘密保護法、2015年6月の文官統制の廃止、2015年9月の安保法制など多岐に亘《わた》ります。

特定秘密保護法は、各国政府の情報分野での協力を得るために日本の機密に対する扱い方をより厳しいものに変えることを目指していました。文官統制の廃止は、自衛隊という存在を国民に見えるようにし、政治が距離を縮めて直接的にコントロールを行うようにするものでした。付言すれば、安倍政権になってから、制服組のトップである統合幕僚長が官邸に直接ブリーフィングする頻度は大幅に増えています。そして、安保法制は、一国平和主義を緩和し、同盟を強化するためのものでした。

その中でも中心を占めるのが安保法制でした。安全保障法制自体はいきなり出てきたものではありません。その議論自体はかなり昔に遡《さかのぼ》るもので、政権与党にとって長年の懸案であったことは間違いありません。ただし、体力のない、レイムダック化した政権にそのような大仕事はできない。だからこそ、政権の後期になる前に行う必要があったわけです。問題は、連立与党内での協議は活発に行われても、このほぼすべての政策で与党と最大野党が正面から対決を繰り返したことでした。各党内に、互いに歩み寄ろうとする本音がなかったわけではありませんが、国会の場では対決姿勢しか見られなくなっていきます。

本来、政争は水際までという原則が言われる外交安保政策で、なぜ国が二分されることになったのか。それはまさに、戦後レジームからの脱却の文脈で行われたからだと私は思っています。この問題を、戦後レジームをめぐる問題にしてしまったのは与野党双方による作為でした。

本章では、この3年間に行われた政策変更の過程とその意味を、過去の記事を通じて振り返っていきたいと思います。

まずは、自衛隊を「見える化」して、他の先進国並みの政軍関係を備えていく2015年春の改革からです。

自衛隊をどう変えていくか？

２０１５年３月、安全保障法制の議論が活発化しはじめました。２０１４年夏の閣議決定を踏まえ、安全保障に関する法的枠組みを整備する中で多様な論点が浮上し、国会審議や与党協議が続きます。中東やウクライナ情勢の混乱に加え、東アジアの安全保障環境の不透明感が高まる中で、確かに日本の安全保障政策は岐路に立っています。

そんな中、防衛省における政治家と官僚と軍人の関係を再定義する、文官統制の変更が注目を集めました。具体的には防衛省設置法を改正し、統幕長や各幕僚長を背広組（内局官僚）の官房長や局長と同等の位置づけに変更しました。これにより、背広組が優位に立つのではない、制服組と背広組の対等が確保されることになります。また、有事の際の自衛隊の運用に携わるため、内局の運用企画局を廃止しました。これによって、運用は統合幕僚監部に権限が集中し、有事の際には制服組のトップである統幕長が総理、防衛大臣を軍事面で補佐します。その代り、統幕には文官のポストとして統幕副長と対等な総括官と、参事官（部課長級）がおかれることになったのです。ここではまず、いわゆる「文官優位システム」を変えることの意味について考えたいと思います。

文官統制という論点自体、実は非常に難しい論点です。これまでのメディアの取り上げ方の多くは、憲法の文民規定の解釈をめぐる法律論であり、文民統制の一部を形成していた文官統制がなし崩し的に変更されることを懸念するというものでした。これは、安全保障政策を法律論で解こうとする日本の伝統的アプローチです。

しかし、憲法解釈を中心とする戦後秩序からのあらゆる逸脱が悪であると予《あらかじ》め定義するならば、そもそも生産的な議論など期待できないでしょう。現在進められている政策変更の意味を正しく理解するには、平和と民主主義の関係を規定する「政軍関係」の論点、政治家と官僚の関係を規定する「政官関係」の論点、そして、背広組と制服組との関係という歴史的に形成された日本独特の論点があるからです。

先進国の政軍関係

まず、政軍関係について。こちらは私の最初の単著である『シビリアンの戦争』（岩波書店、2012年）でも詳しく論じましたが、簡単に言うと、安全保障（軍による安全）と民主主義（軍からの安全）をどのように両立させるかという問題意識から出ています。

19世紀後半以降、政治と軍の権力基盤が分離するにしたがって（つまり軍が貴族の一部をなす身分制ではなくプロの軍隊となるに従って）政治がどのように軍をコントロールするかが重要になってきます。軍を民主的に統制するために確立されたのがシビリアン・コントロールの原則であり、今日でも政軍関係を考える際の重要な軸になっています。

20世紀を通じ、シビリアン・コントロールは各国に浸透し、先進民主主義国においては、あからさまな軍の反抗やその究極の形であるクーデターの懸念はなくなりました。クーデターの懸念がなくなったからといって政軍関係が重要でなくなったかというと、実はそうではありません。シビリアン・コントロールがあるかないかという大雑把な論点から、もう少し細かい実務的な点に焦点が移ったのです。

それは、そもそもの軍事政策や作戦はどのように意思決定されるべきかということであり、実際の軍事オペレーションにおける軍や現場への委任の程度はどの程度であるべきか、などの論点です。冷戦中は、軍事上の細かい判断が核戦争に繋がってしまうリスクがありましたから、可能な限り細かく政治が軍をコントロールしたいという欲求がありました。

冷戦が終結すると、核戦争の恐怖とそれに伴う緊張感が崩れます。冷戦後の現在、世界における平和を考えるうえで重要な論点が、軍をコントロールするシビリアン（文民）の政治家や国民は、戦争のコストをどのように認識しているのかという点です。

歴史的には、民主国家では政策決定に責任を負うシビリアンの方がしばしば好戦的であったという事実（ことにアメリカで言えば湾岸戦争、イラク戦争、イスラエルの第二次レバノン戦争などは軍の明確な反対を押し切って開戦された）があり、シビリアン・コントロールの度合が高まるほど、かえって平和が損なわれてしまうという懸念があるのです。

政軍関係を検討する際には、この辺りまでを射程に入れなければなりません。現代における政軍関係は、一国の安全保障を確保するということに加えて、無駄な戦争をしないという意味も含めて平和と直接つながっており、平和と民主主義を両立させることが目的となるのです。足下の日本の状況に引き付けて考える場合も、この、平和と民主主義を両立させる最善の方法は何かという根っこの原則に立ち返って考える必要があります。

いわゆる「文官統制」が外れた場合においても、自衛隊の統率は文民である防衛大臣によって行われ、最高指揮権者は内閣総理大臣です。自衛隊という軍隊への民主的コントロールはいささかも揺らぎません。実際には民主的コントロールは特定の分野でかなり高まると考えるべきでしょう。中谷元《なかたにげん》防衛大臣は、法改正によりむしろシビリアン・コントロールは強まるのだと発言していますが、これは先進的な民主主義国が戦後、試行錯誤の末に発展させてきた、シビリアン・コントロールの制度を手本にした改正だからです。

制服組の行動を背広組の文官が管理し、それを政治家である防衛大臣がコントロールする状態は、「垂直統合型」のコントロールです（サミュエル・P・ハンチントン）。この場合、指揮権を有する大臣に上がってくる政策の選択肢は基本的に一つです。単純化して言うと、大臣が行える意思決定は、現場の政策を肯定するか、否定するかの二者択一でしかありません。対して、文官統制が外れた後には、制服組が上げてくる政策に加え、文官からも別の政策を上げる可能性が出てきます。その場合、大臣には制服組のA案と背広組のB案を比較することが可能になり、その中から、両者を取り合わせたC案を提起することも可能になるのです。以上は、もちろん単純化した議論ではあるのですが、一般に、「均衡型」の政策決定の方が政策の民主的統制は高まるのです。

政官関係としての自衛隊改革

この点は、実は二つ目の政官関係に繋がる日本政治における普遍的な論点です。

日本政治は、過去20年にわたって政官関係を見直し、政治家や総理大臣のリーダーシップを強化する改革を続けてきました。それは、官僚機構において、国会において、そして、政党において同時進行した諸改革です。

90年代中盤の行政改革に始まる一連の政治主導の流れは、多くの変化をもたらしました。省庁が再編成され、内閣官房や内閣府の権限が強化されました。副大臣や政務官など、より多くの政治家が省庁において官僚を統率する役割を与えられます。それに呼応する形で、国会においてもこれまで官僚が重要部分を説明してきた答弁を政治家が担うことが当然視されるなど、政治家のコントロールが強化されました。政党においても、小選挙区制の導入によって執行部と代表の権限が強化され、官僚が一部の族議員と結託して官邸に反抗する力が削がれていきます。

文官統制の変更においても、日本政治が求めてきた、政治家による政策の実質的なコントロールの強化という多くの政策分野に共通する力学が存在するのです。

もちろん、政治家への実質的な権限の集中は、政治家の責任を伴います。国家の主権と国民の生命を預かる防衛政策における責任は一段と重いということはあるでしょう。実際の政治家には軍事政策を判断するだけの力量があるのか、という懸念は足下の現実を踏まえれば、もっともな不安です。スキャンダルが持ち上がるたびにころころと代わってしまう大臣、政治家の側に立って大臣の意思決定をサポートする優秀なスタッフ機能の欠落は、各分野共通で日本の政官関係が抱える課題です。古くから論じられている点ですが、さらなる取組みが必要でしょう。

日本独自の対立構造

三点目の背広組と制服組との関係については、戦後の安全保障政策における歴史的経緯に基づく極めて日本的な論点です。日本の再軍備は、戦前の軍の暴走の反省に立って旧軍の関係者を可能な限り排除するという目的とともに、軍事という極めて専門的な分野においては旧軍の関係者の知見が不可欠であったという現実があり、両者のバランスを取りながら進みます。

加えて、軍事に対してしばしばアレルギー反応を示す世論を意識する中で、日本独自のさまざまな「歯止め」が考案されていきます。それは、防衛費のGDP比1％枠であったり、具体的な装備における制約であったり、部隊運用の制約であったり、武器輸出に関わる方針であったりします。それらの歯止めの多くは、軍事政策上は合理性を欠くものであったわけですが、冷戦の厳しい軍事的圧力を受けていたのが、実際には、自衛隊ではなく米軍であったから可能になったものでした。元来が、安全保障の発想ではなく、国内政治や世論対策の発想から生まれています。このような傾向は、現在に至るまで継続しており、直近の与党協議にも同じ構造が存在します。

このような、歯止めに関わる政策の執行と管理を担ったのが背広組の官僚達でした。言葉を選ばずに言えば、背広組が制服組を植民地統治していたという側面があったのです。当然、制服組には形容し難いルサンチマン(≒怨恨)が蓄積していきました。

しかし、このような構図も防衛分野に特異な現象ではありません。厚生労働省や国土交通省においても、文官と技官の権力争いがあるのは周知の事実です。弱い立場におかれた職種や組織は、統治に反抗する場合もあれば、統治を部分的に受け入れつつ自らの裁量を確保する領域の確立、すなわち独立王国の形成を目指します。そのような例は、医療行政にも、薬事行政にも、建設行政にも見られます。多少、防衛分野に特殊性があるとすれば、長らく防衛「庁」として格下扱いされ、大蔵官僚による二重の植民地統治がなされていたということでしょうか。

制服組の巻き返し

直近の、文官統制の見直しには、長らく不当に虐げられてきたと感じている制服組による巻き返しという側面があります。彼らのルサンチマンにはもっともな部分があり、自民党の中でも受け入れられつつあります。政軍関係や政官関係の観点から、安全保障政策をめぐる権限を集約していきたい官邸の思惑とも一致したわけです。

これまでの諸点をまとめましょう。まず、政軍関係の観点から今回の改革に特段の問題があるとは思えません。むしろ、やりようによっては防衛政策の民主的コントロールを高め、平和と民主主義の両立という政策目標をレベルアップできるかもしれません。他方、政官関係の観点からは、依然として課題が多いと考えるべきです。日本政治及び具体的な政治家の多くは重要な政策分野における長期的な責任を担うだけの能力を持たず、それを制度的に担保する体制整備も十分ではないからです。背広組と制服組との組織的な権力関係の観点からは、そこにおける構造の多くがもはや時代遅れとなった歴史的経緯に起源をもつものである以上、それを変化させていくことは時代の要請であり、必然的な流れなのだろうと思っています。

つづいては、もう少し大きな視点から、日本の安全保障領域における政策文化を取り上げ、新しい組織体制を機能させるためのソフト面について考えたいと思います。

自衛隊を拘束する戦後日本の政策文化
（2015年3月8日／3月10日）

政策文化というのは、ある集団の考え方に影響を与える思考のクセのようなものです。それは、組織のクセである場合もあれば、国全体のクセである場合もあり、その国の政治風土の一部を形成します。それは正当な根拠に基づいている場合もあれば、なんらかの誤認や「神話」に基づいている場合も多いものです。

例えば、戦前の帝国海軍が拘った大艦巨砲主義は、日露戦争における日本海海戦の戦勝の理由を正確に承継できなかった結果として生じた誤った政策でした。第二次世界大戦後の米国は、ヒトラーの台頭を許したとされるミュンヘンの宥和に対する極度の嫌悪感が影響して、冷戦初期には強硬策に拘《こだわ》り続けました。

日本の安全保障分野における影響の大きい政策文化として、三つほど指摘したいと思います。

複雑怪奇なガラス細工

一つ目は、政策文化というより国是に近い、戦後日本の平和主義です。言わずもがな、これは憲法9条第1項の平和主義と、第2項の戦力の不保持という成文によって定められています。平和主義という原則が日本社会に広く共有されていることは、非常によいことです。総力戦での敗戦を通じて戦争を忌避《きひ》する傾向が根付き、日本はベトナム戦争にも派兵せず、全面侵攻されない限り戦わないという抑制的な態度を身につけることができました。

しかし、平和主義は同時に強烈な政策文化でもありました。憲法には直接定められていない多くの原則やルールが重要な役割を果たしてきたからです。

その政策文化の最大のものは、安全保障の世界を憲法解釈という法律論で理解しようとする姿勢です。この、法解釈主義は、安全保障に関わる法令や国会答弁の積み重ねによって、特に字句解釈という方向で精緻化されていきます。それは、細かい字句解釈の世界が日本の安全保障政策そのものであるという錯覚さえ覚えてしまうほどでした。

戦後、三木内閣前後までは、平和主義に起因する多くの原則が打ち立てられていく時代です。警察予備隊の創設をもって始まった再軍備は、保安隊、自衛隊へと受け継がれます。意味のある戦力となっていた自衛隊の存在は、憲法9条第2項の戦力の不保持との関係で多くの矛盾を抱え込んでいました。世論の反軍感情も強烈な時代でした。自民党の歴代内閣は、その矛盾をのっぴきならないものとしないために、様々な「歯止め」を発明することで乗り切ろうとしました。

国際的な情勢が、このような字句解釈に偏《かたよ》った安全保障政策を可能としました。朝鮮戦争以後、東アジアの冷戦は落ち着きを見せ、ソ連による全面侵攻の恐れは地続きの欧州と比較すればそれほど深刻ではありませんでした。万が一、そのような事態に陥ったとしても、その圧力に直面するのは米軍でした。日本は、安全保障上の脅威にリアルにさらされることなく、延々と字句解釈を続けられたのです。

代わりに、安全保障に関わる政策担当者が気にしたのは世論でした。多くの国民が反軍感情を持ち、憲法上の基盤に疑義のある日陰者の自衛隊は、頭を低くして生きていくことが求められました。旧軍を想起させるような発言や、各種のスキャンダルが極端に恐れられ、管理主義が徹底されていきます。それは文官による管理（旧防衛庁内局）であり、予算による管理（旧大蔵省）であり、民主主義による管理（内閣と自民党と国会）でした。

1965年、国会で日本社会党による「三矢研究」の暴露という事件がありました。2年前に作製された朝鮮半島有事対処の図上作戦研究です。佐藤栄作首相は自分が知らなかったことに鑑《かんが》み、そのようなことは絶対に許せないと答弁しました。また、金丸信防衛庁長官は米国から輸入したF−15戦闘機から爆撃・給油装置を取り外せという日本社会党の要求に対し、世論に迎合するものだとして断固抵抗しましたが、自らも世論対策として自衛官を統制しました（栗栖弘臣統幕議長の更迭事件）。首相や長官として自衛隊に対し全権を振るうことが、あたかももっとも正しい政軍関係であるかのような考え方は自民党の中にも民主党の中にも脈々と息づいています。確かに、政軍関係も「政治」から完全には逃れられません。軍人もエリートである限り、普通の次官や局長のように罷免《ひめん》されて当然という見方もあるでしょう。しかし、「歯止め」だけでは政策の練り上げや検討はできません。

この流れが変化したのが中曽根内閣以降であり、それが冷戦終結とともに加速化していきます。安全保障環境の変化に対応するために、冷戦期に作られた複雑な歯止めを少しずつ取り払う作業が進みます。この変化は、本来であれば安全保障環境の変化に根拠付けられるべきでしたが、世論を意識した政府は字句解釈の伝統を承継してしまいました。結果として、解釈の複雑性と無理筋度合いはどんどん増していき、防衛省や外務省の直接の担当者以外には理解さえおぼつかない複雑怪奇なガラス細工が出来上がったのです。

チェック・アンド・バランスが苦手な日本

政策文化の二つ目は、政策決定における抑制と均衡を嫌う風潮です。議会制民主主義という制度にせよ、株式会社という制度にせよ、欧米発の制度にはこの、抑制と均衡＝「チェック・アンド・バランス」が非常に重要な要素として織り込まれています。

これは安全保障分野に限らない傾向ですが、日本では抑制と均衡の前提となる意見対立は、組織運営上の不協和音として忌避される傾向にありました。反対意見をぶつけ合ってより健全な結論に至るというプロセスは、対立そのものを回避する方向か、あるいは、対立の解消を必要としない独立王国や縦割りの組織運営を通じて管理されることが多い。

組織を統率するリーダー層の選別や育成においても、対立する幅広い意見を通じて最適解を導くというスキルは重視されているとは言い難い。必ず反対意見を聞くこと、反対意見が出てくることを担保するために多様性を重視する発想は、日本ではいまだに異質な発想であり、一部の名物リーダーの特異な趣味でしかありません。霞が関における優れたリーダー像とは、対立点をあらかじめ把握し、最大公約数の解を導くことで組織の調和を保つ存在です。この傾向は組織内部の文化だけでなく、社会全体でも共有されています。報道でも、大前提として意見対立があること自体がネガティブであるとされてしまいます。

このような政策文化の起源がどこにあるのかということは、日本の政治や文化を理解する上での難問です。それを、「和をもって尊しとす」まで遡ることも可能でしょうし、同質的な民族性や、島国という地理的要因、あるいは、農村共同体という文化人類学的な要素に求めることも可能でしょう。おそらく、それぞれに影響があるのだろうけれど、なんでも説明できてしまうことは何も説明していないことに等しいので注意が必要です。

そんな中、外交・安全保障分野における二元外交を極端に嫌った戦後の制度設計は、わかりやすい政策文化の起源でしょう。戦後秩序がまさに形成されつつあった1940年代後半から50年代前半にかけて、吉田茂や芦田均をはじめ多くの外交官出身のリーダーが活躍しました。彼らは戦前の軍部による独自行動を通じた既成事実作りが外交の選択肢を狭めていったと認識していましたから、外交の一元化を重要視します。外交・安全保障分野では、複数の情報源から、複数の政策の選択肢が提示されることがより良い結果に結びつくという発想が制度的に否定されているのです。

これは、古臭い原則のようでいて現在に至るまで日本の政策決定に大きな影響を与えています。各国の大使館に出向している、経済外交に関わる経産官僚や、治安やテロ対策に関わる警察官僚や、安全保障政策に関わる防衛官僚や駐在武官達は、外交の一元化のために細かいルールに従って仕事をしています。何らかの調整役はもちろん必要としても、本来は、複数の情報源があることが望ましいに決まっています。外交当局、情報当局、軍、そして民間のネットワークが複雑に絡み合うからこそ情報が立体的に理解できるようになるのですから。

自衛隊における反エリート主義

政策文化の三つ目はエリート軍人への忌避感です。戦前の日本社会において、陸海の将校達は超エリートでした。陸軍士官学校や海軍兵学校は、東大や京大などの帝国大学を凌駕するほどの社会的尊敬を集めていました。第二次世界大戦の敗戦と軍の壊滅は、彼らの尊厳を徹底的に傷つけました。戦後、政財界で活躍した元軍人も多かったけれど、無謀な作戦を考案して何百万の将兵を死に至らしめたエリート参謀に対する嫌悪感には激しいものがありました。平和主義政策を実行に移す際に、軍人を日陰者としたこととあいまって、戦後の軍人に対する反エリート主義は強烈なものとなったのです。

結果として生じたのが、エリートと呼ぶにふさわしい人格・識見をもった軍人の極端な不足です。国際政治や安全保障の研究者である私には、真にエリートと呼べる軍人の知合いが幾人かいるけれど、彼らは組織の中にあって圧倒的に少数派であるし、それほど組織に大事にされているようにも見えません。日陰者とされたからこそ、我々は現場で粛々とがんばりますという文化が生まれ、ともすると、世界で起きている「難しいこと」には無知で良いという風潮さえ生んでしまうのです。


現代という時代にあって、専門知識を持った国際的な軍人の存在は、平和には欠かすことのできない要素です。外国語を理解し、外国の文化に対する造詣と親近感を持った大国間の軍人ネットワークが国際社会の安全弁となるのです。日本の例で言えば、中国語やロシア語やアラビア語の知識を持つ軍人がどれだけいるのかということです。サイバースペースから宇宙空間まで、公衆衛生から人道支援に至るまで、現代の軍人が直面する課題は多岐にわたっています。中国は、対日関係であろうと対米関係であろうと、政治的な懸案が持ち上がるたびに軍事交流を止めてしまうけれど、あれは、本当によくないのです。

ここまで、安全保障領域における政策文化について批判的に見てきました。ある組織や国の文化というのは理由があって形成されていますから、もちろん、悪いことばかりではありません。けれど、現代という時代の要請と日本のおかれている状況を考えると、以上に挙げた3点は今後改めていくべき課題です。

平和主義の内実は、字句解釈ではなく、現実的な安全保障認識と十分な備えと健全な市民精神に拠るべきです。政策決定は、複数の情報源から上げられた、意味のある選択肢を伴った判断に基づくべきです。リーダーとなる人材は、抑制と均衡を健全に管理する能力を意識して鍛えるべきです。軍人は、豊かな人間性と国際性が求められ、国際社会における平和のインフラとしての役割を果たすべきです。その重責を支えるだけの質と量を兼ね備えた人材の育成は一朝一夕にできるものではありません。

文官統制の撤廃は、日本の安全保障制度の転換をなす画期です。制度の変更は、それを生かすための文化や人材の変更を伴ってこそ生きてきます。シビリアン・コントロールに関しても、それを強めるためには文官の上述の能力育成や、防衛装備の調達改革に手を付けられるだけの政治家の力量が（与野党を問わず）試されます。実際には、こここそ、シビリアンが手を付けなければいけないのに手をこまねいている領域なのです。その意味で、安全保障領域において求められる変革は始まったばかりと言えるでしょう。

ごまかしてはいけない安保法制

（2015年5月2日／5月5日）

戦後レジームの転換を目指す安倍政権にとって、安全保障の一つの軸は自衛隊を実力組織として「見える化」することでした。

もう一つの軸は、安保法制を通じて集団的自衛権を部分的に行使できる態勢を整え、そしてPKOで自衛隊に可能な任務を広げることでした。

国際貢献に舵を切り、同盟の信頼性を強化することで一国平和主義を改める。それが安倍政権の意図であったと思います。他方で、プロローグで述べたように、戦後レジームからの脱却に本来含まれていたはずの対米従属からの脱却とは矛盾するのではないか、という意見が多く見られたことも確かです。

第二次以降の安倍政権にとっては、対米従属からの脱却はむしろはるか後方に追いやられた課題となりました。それは、実務に携わってみれば対米自立がまるでリアリティーのないものであったから、というのがおそらく真相でしょう。むしろ、第二次以降の安倍政権が直面したのは三つの安全保障環境の変化でした。

第一に、米国の内向き化、第二に、中国の継続的な軍拡と海洋進出、第三に北朝鮮の事実上の核保有国化です。しかし、安保法制の議論の過程では、後者の二つしか表に出されませんでした。米国の内向き化を語ることは、それ自体が対米関係で弱い立場に立たされている日本の土台そのものを掘り崩すものであったからです。しかし、民意を調達するうえでは、米国の内向き化とコミットメントの低下の恐れを語らないことは、実は政権にとって非常に損なことであったわけです。

安保法制を通じて国は二分され、政権は支持率を落としました。なぜそこまでしてこの法案を通したのか。なぜ隠された本音を語れなかったのか。それは上記の分析によって説明できるのではないかと思っています。以下では、その当時の状況判断を確かめていきましょう。

歴史的な政策変更

安倍総理は2015年4月、米国の上下両院合同会議での演説で、夏までに安保法制を整備するとしました。総理の訪米から、米国は安保法制の整備を歴史的な政策変更であると理解していることが明らかになりました。日米の外務大臣及び防衛大臣が参加した2+

2会合の記者会見では、安保法制の整備について、南シナ海での日米協力の可能性と絡めた質疑がありました。米国の期待値がこの辺りにあるのだとすると、日本は難しい判断を迫られることになる。

政府与党の中には、安保法制をそれこそ粛々と進めたいという本音が見え隠れしますが、国会でも、政策変更の重要性を正面から捉えた討議が必要なことは論を俟《ま》ちません。テーマが安保法制の整備である以上、法律論を展開することは当然ですが、最初に申し上げたいことは、安全保障論議を法律論だけに押し込めて語ってはいけないということです。つまり、日本の安全保障環境をめぐる情勢認識が最初にあって、それを踏まえてどのような安全保障政策が必要かという議論が必要だということです。その上で、必要な安全保障政策を実現するために法律論はこうなるという順序です。

中国の軍拡、北朝鮮の核武装

さっそく、情勢認識から考えましょう。日本の安全保障環境を考察する上で大きな変化は以下の3点です。最大の変化は、中国の継続的な軍拡です。経済規模では、ついこの間まで拮抗《きっこう》していた日中ですが、あっという間に2倍の水準に開いてしまいました。経済規模を反映して、軍事予算においても圧倒的な差が生じています。その差分はわかっているだけでも相当なものですが、中国の軍事予算の不透明さは周知の事実ですから、実際には、東アジアの軍事バランスは相当程度掘り崩されていると認識すべきでしょう。

拡大した防衛予算を使って、中国は本格的な外洋艦隊を配備し、空軍力の高度化をはかっています。宇宙やサイバー空間などの新しい戦場への進出も積極的です。外交面でも攻勢を強めており、中国に飲み込まれないように本気で抵抗しようとしている東アジアの国は数えるほどしかありません。多くの東アジア諸国は、何とかやり過ごそうとしているという印象です。

次の変化は、北朝鮮の核保有国化です。核保有は認められない、その一線を越えたらレッドゾーンだということが語られていたのも今は昔です。何事も隠す国ですからはっきりしたことはわかりませんが、北朝鮮は2015年時点で20発程度の核弾頭を保有し、大陸間弾道ミサイルに搭載可能なレベルで小型化にも成功しているとの情報もあります。かつての日本や韓国であれば耐えられなかった危険な状態が、既成事実化しているのです。

米国の内向き化

以上の点と対をなすのが米国の相対的国力の低下であり、そのような認識に基づく米国民の内向き志向の広がりです。米国の軍事技術、軍事予算、部隊の運用能力は、当分の間は圧倒的な存在であり続けるでしょう。しかし、米国は超大国であり、軍事大国であると同時に民主主義の国であり、国民の意思がとても重要なのです。米国民の多くは、国力を無駄に消費した中東の紛争に嫌気が差しており、世界の警察としてあらゆる紛争に参加する意思はもはやありません。この姿勢は、もちろんオバマ政権の間に顕著になったものではありますが、次期大統領が民主・共和のどちらから出てもある程度継承されていくことになるのではないでしょうか。

米国のオバマ政権が進めていたリバランスやアジア重視（＝Pivot to Asia）政策を指して、東アジアに関する限り米国のコミットメントは不変であると主張される方もおられます。米国の主張を字義通り受け取るならば、そのように考えたくなる気持ちはわかるのですが、米国がかつてのような強い意思をもって朝鮮半島有事、台湾海峡有事、南シナ海や東シナ海有事にコミットすると考えているとすれば、さすがにそれはナイーブでしょう。

これは、米国の安全保障や外交政策だけを見ているだけではわからないかもしれませんが、米国の内政を観察していれば変化は自明です。

もちろん、これは米国がただちに世界から引いていくということを意味するわけではありません。当座は、同盟国に対してより多くの負担を求めるべく説得する期間が続くはずです。同盟国から引き出しうるコミットメントの度合いと、米国自身の当該地域から得られる国益を考慮して具体的な検討が進められ、しかも、平時の意思決定と有事の意思決定が微妙に絡まりながら進行することになるでしょう。

軍事技術の進化も米国と同盟国のより緊密な連携を後押ししています。現代の安全保障を担うハイテク装備は、情報技術の塊のようなものであり、もっとも大切なのは情報・指揮系統の一体化です。現代のハイテク戦においては、一体化していない軍隊の連合は実戦ではほとんど役に立たないのです。

集団的自衛権は有していても、行使できないという世界にいつまでもとどまっていては、米国との共同運用を前提に成立する日本の防衛力が実際にはたいして役に立たないということになりかねないのです。防衛力が役に立たないということは、すなわち、抑止力が役に立たないということですから、深刻なわけです。

中国はリアリズムの国ですから、日本政府がどのような国会答弁をしようと、集団的自衛権を行使しないとは思っていないでしょう。問題は、建前の法解釈を前面に出した結果として、実際には超法規的ないし、違憲な判断をせざるを得ない状況に現場や政権が追い込まれることです。そのような事態を避ける観点からも、集団的自衛権もはじめから認めておくべきなのです。

もちろん、以上に申し上げたことは多少ものごとを単純化していますし、今日整備しなければ明日危ないという類のものでもないでしょう。実態は、日本が長らく抱えていた宿題にようやく答えを出そうとしているということです。

国際法より抑制的な新三要件

そして、このような事態において集団的自衛権の行使を可能とするための基準が、いわゆる新三要件です。具体的には以下の通りです。

（1）我が国に対する武力攻撃が発生したこと、又は我が国と密接な関係にある他国に対する武力攻撃が発生し、これにより我が国の存立が脅かされ、国民の生命、自由及び幸福追求の権利が根底から覆される明白な危険があること＝「明白な危険」
（2）これを排除し、我が国の存立を全うし、国民を守るために他に適当な手段がないこと＝「代替手段の欠如」
（3）必要最小限度の実力行使にとどまるべきこと＝「必要最小限度」

新三要件は、この分野の国際法とも整合しながら、日本国憲法の専守防衛の考え方に基づいて、国際社会が求める水準よりもいっそう抑制的に定められています。

国際社会における一般的な集団的自衛権の理解は、同盟関係にある一方の国家が、もう一方の国家に対する危険を自国に対する危険とみなして自衛権を行使するというものです。その際、必ずしも自国が明白な危険を受けている必要はありません。上記の第一要件から明らかなとおり、今般の新三要件では、自国（＝日本）の「存立が脅かされ、国民の生命、自由及び幸福追求の権利が根底から覆される明白な危険」が必要ですから、行使の要件は個別的自衛権の発想に近くなります。

また、第三要件の「必要最小限度の実力行使」についてですが、武力行使の程度をめぐる国際法上の基準として、武力行使の「均衡性」の原則があります。そこでは、自衛権を発動して武力行使を行う場合は、侵害と均衡するレベルでなければならないと理解されています。字面だけから判断すれば、日本の新三要件上認められるのは、必要最小限度の実力行使だけですから、国際的な基準よりも半歩抑制的であると解釈できるのです。

もちろん、あんまり細かい字句解釈をつついても答えは出てきません。実際の運用においては、解釈の積み重ねが重要ですから、抑制的な文言を非抑制的に運用することも、その反対も可能だからです。だからこそ、安全保障の問題は、法律解釈の世界から出ないとリアリティーのある議論とならないのです。

限界事例は具体的に

以上に取り上げたような状況は、「武力攻撃事態」、あるいは「存立危機事態」と表現され、日本の防衛が危機にある状況です。大切なことは、それが、実際にはどういう事態を想定しているのかということをリアルに考えることです。日本人を乗せた米国艦船が攻撃を受けたというようなマイナーな事例ではなく、ど真ん中の事態を想定して議論すべきなのです。このあたりを正面から議論しようとしないのは、民主主義のあり方として健全とは言えません。

普通に考えれば、東シナ海有事、朝鮮半島有事、台湾海峡有事などが想定されるでしょう。もちろん、今日では、日本の安全保障を脅かす事態が宇宙からやってくるということもありうるシナリオですので、その意味では地理的な概念は多少あいまいになります。とは言え、メインシナリオは、当然地理と深く結びついています。

そこでは、近代的な軍隊による攻撃が想定される場合もあれば、テロと識別が難しいような少数の特殊部隊による攻撃の場合もあるでしょう。民間人を装った事実上の武装集団が、日本の領海や領土に大量に押し寄せるというシナリオも想定されます。武装集団と難民の判別が難しい場合もあるかもしれません。様々な事態が想定されますが、以上に申し上げたシナリオは、世界の他の地域で現に発生しているパターンです。

限界的な事例として難しい判断を迫られるのは、冒頭に指摘した南シナ海においてでしょう。中国の一方的な攻勢に対して、フィリピンやベトナムは効果的に対処することができていません。中国の姿勢を批判はしても、これまでは直接的な行動には出ていませんでした。今後、米国がもう少し積極策に転じ、自衛隊への協力を要請した場合、日本はどこまで行動する用意があるのでしょうか。対潜水艦の哨戒《しょうかい》活動は行うのでしょうか。中国海軍が機雷を敷設した場合に、掃海活動はするのでしょうか。様々なシナリオを想定しうる問題のすべてに事前に答えを出すことはできませんが、こういうことをきちんと議論しておくことが重要なのです。

ごまかしの説明はマイナス

そういう意味では、法案の審議中に注目されていた事例には偏りを感じます。頻繁に登場するペルシャ湾における掃海という事例は、中東の不安定さを踏まえると一定程度リアリティーのあるシナリオです。しかし、中東のエネルギーが日本経済にとっていくら重要であると言っても、それが日本の「存立が脅かされ、国民の生命、自由及び幸福追求の権利が根底から覆される明白な危険」であるとまでは言えないでしょう。日本のエネルギー備蓄の限界を超えてエネルギーが確保できなければ、国民が餓死するような事態も想定できると主張する向きもあるようですが、さすがに無理筋です。

安保法制は、日本の防衛のためには日米同盟が機能することが重要であり、そのために集団的自衛権の行使が必要という本筋からはじめるべきです。それは現代戦の現実を踏まえた技術的な要請でもあるし、攻守同盟というものの本質としての政治的要請でもあります。長らく、基地と防衛を均衡させてきた日米安保体制を普通の同盟に近づけていくことは、安全保障環境の変化を踏まえた時宜を得た判断です。

　だからこそ、その判断に対して国民が疑義を感じるようなごまかしの説明や事例は日本の民主主義にとって不健全なだけでなく、日本の安全保障にとっても良いことではないのです。

国際平和共同対処事態への考え方

　次に、日本の防衛とは直接にはつながらない、「国際平和共同対処事態」について考えたいと思います。国際平和共同対処事態とは、普通の日本語で言えば、何らかの地域紛争ということでしょう。冷戦終結後も、ソマリア、旧ユーゴ、ルワンダ、スーダン、アフガニスタン、イラク、シリア、リビア、ウクライナなどで深刻な人道的危機を伴う地域紛争が発生しており、国際社会はその都度介入の是非について苦慮してきました。日本も、これまでは特措法を制定して個別に判断を行ってきました。そこに、常設の基準を設定しようというういわゆる恒久法の議論です。

　もちろん、以上に例示したものだけ見ても、紛争の性質には多様なものがありました。一国内での民族や部族の対立もありましたし、それが国家の分裂と戦争につながる場合もありました。脅威と認定された国が大国の介入を受けた場合もありました。細かい法律論に入る前に、日本という国がどういう事態において、どういう価値観に基づき、どのように当該紛争と関わっていくべきかという議論からはじめるべきでしょう。

安倍政権の掲げる積極的平和主義には、平和を、武力行使を行わないという不作為として定義するのではなく、積極的な行動を通じて作り出すというニュアンスが込められています。平和を作り出すために、時として、武力の行使が必要であるというのは、残念ながら今日の世界の現実です。平和国家としてのアイデンティティーを国是として掲げる日本にとっても、国際社会の平和のために、積極的に行動する余地があるという発想には、私も原則として賛成です。

冷戦後の介入の教訓

他方で、特に冷戦後の世界が直面した様々な紛争を振り返ったとき、平和を作り出すための行動が、果たして本当に平和を作り出してきたのかという点については厳しい考察が必要です。多くの介入が、実際には権力の空白を作り出し、長引く戦後統治の混乱を通じてかえって地域全体の暴力の水準を高めてしまったというのが現在の中東の現実です。正義や平和を求めたはずの行動が、平和をより遠い存在としてしまうことがあるということもまた、我々が生きる現代のもう一つの現実です。

だからこそ、国際社会のスタンダードな議論は、どうすれば国際社会において平和を作り出せるのかという困難な命題と正面から対峙するものなのです。そこで行われているのは、多様な紛争を理解し、分類し、介入の成功事例と失敗事例を突き詰めていく作業です。そこで発せられる問いは様々です。外部からの介入を必要とするような安全保障上あるいは人道上の危機が存在するか、介入を正当化するための国際的なコンセンサスは形成可能か、現地勢力を中心とした解決は可能か、戦後統治や復興はどのように進められるか、そのための軍事的・資金的・人的リソースは確保できるか、介入側の出口戦略をどのように描くか、などです。

ピントがずれている課題設定

こうしてみると日本のメディアや政治の場で展開されている議論とは、ずいぶん様相が異なることがわかると思います。日本で行われる議論の中心には、日本の行動が「後方支援」にとどまっているのかどうか、それが「戦闘地域」で行われているのかどうか、医療品・水・油・弾薬などの物資のうちどれは運べてどれは運べないか、などの論点です。ピントがずれているというのが率直なところです。

過去の国会における、支離滅裂な答弁を引用するまでもなく、紛争地域において、自衛隊の派遣場所が戦闘地域であるか否かは極めて流動的です。そもそも平和構築のための介入が必要なのは、多くはいわゆる破綻国家であり、軍閥やテロ集団が跋扈する地域なのですから当然でしょう。兵站の重要性が高まっている現代戦において、後方支援部隊と前線の戦闘部隊との線引きはますますあいまいになってきています。特に、前方と後方を犠牲が発生する可能性の大小で分けるのはナンセンスです。実際には、後方部隊の方がしばしば犠牲が多いのですから。

国際的な介入が、国連の正式な授権を経たものかどうかという外形的な基準を重視する議論もいまだに盛んです。政府与党は、イラク戦争やアフガニスタン戦争のような事態に日本が戦闘部隊を派遣することはありえないと、あくまで後方支援を行うだけであると主張しています。しかし、もっとも大切な問いは、紛争に介入する際の役割や態様ではなく、そもそも、その介入が平和に資するものであるのかどうかという点です。

大国の意向に振り回され、しばしば機能不全に陥る国連にのみその判断を委ねることはできません。同盟国にのみその判断を委ねることもできません。最終的には日本の民主主義の結果として、日本政府が行う判断です。

平和国家としての正念場

日本が、介入を検討する際の材料としてもっとも近いものが、いわゆるPKO五原則といわれている基準でしょう。そこでは、

（1）紛争当事者の間で停戦合意が成立していること
（2）当該平和維持隊が活動する地域の属する国を含む紛争当事者が当該平和維持隊の活動及び当該平和維持隊へのわが国の参加に同意していること
（3）当該平和維持隊が特定の紛争当事者に偏ることなく、中立的立場を厳守すること
（4）上記の基本方針のいずれかが満たされない状況が生じた場合には、我が国から参加した部隊は、撤収することが出来ること
（5）武器の使用は、要員の生命等の防護のために必要な最小限のものに限られること

という五つの原則が掲げられています。

部隊単位での武器使用をめぐって、第五原則を緩和しようという動きがでてきました。部隊の安全と任務遂行のためには必要な場合もあるでしょうが、部隊行動の態様にばかり注目が集まるのは本質からずれています。上記の第一〜第三の基準では、複雑性を増す現代の紛争のほとんどには対応できません。この部分を本質的に議論すべきです。

平和につながらない正しくない介入には、仮に後方支援であったとしても参加してはならないのです。それが、平和に資すると思われる介入であるならば、日本も許容できる範囲内で応分の負担を行うべきです。「平和国家」であることを理由として平和のための行動を回避するというのは、論理的にも道義的にも、国際的な信用という観点から政策的にも破綻しています。

日本に突きつけられているのは、世界で起きている紛争について、主体的に考え、リスクの伴う判断も行わなければならないということです。もとより、それは簡単な作業ではありません。冷戦後の世界で現実に行われた介入を振り返ったとき、平和のための武力介入が正当化される事例の見極めは、どこまでも慎重に行われるべきでしょう。イラク戦争のような、間違った、犠牲の多い、本質的な解決につながらない戦争を見極め、そこには断固として介入すべきでないと主張できるかが、平和国家としての正念場なのです。

偽善に満ちた不介入もまた許容すべき

人道的悲劇が深刻で、介入の大義はあるけれど、介入側の犠牲が多すぎるという判断が必要な場合もあるでしょう。その場合、国際社会はしばしば人道的見地を過小評価して、もっともらしい理由をつけて犠牲者達を見捨ててきました。シリアでもウクライナでも、国際社会はそうしています。国際政治とは、偽善の葛藤と隣り合わせの世界です。戦後の日本は、米国という同盟国を通じて世界を理解し、平和国家という原則にかこつけることで、生々しい世界の現実と向き合わずに来られた部分があります。

積極的平和主義を字義通り捉えるならば、この現実と向き合って生きる覚悟を持つことを意味します。共同体としての国家が意思決定主体である現実を踏まえれば、自衛隊にあまりに多くの犠牲が見込まれる介入は、どんな人道的危機であったとしても「ノー」と言うべきというのが私の持論です。なぜなら、そこまで必要な正義であると認識されていれば、共同体の成員で可能な誰もが駆けつけるだろうけれど、物事は往々にしてそうならない。「ノー」とは自分で言えない「道具」としての軍に正義の戦いを押し付けるというのが民主国家の宿命だからです。

「歯止め」論が民主主義を弱くする

日本の安全保障論議は、憲法解釈の限界を見極める作業ですから、どうしても法律論に偏ってしまいがちです。今般の安保法制をめぐる議論においても、「歯止め」をどのように入れ込んでいくかということが中心的に語られています。結果として、社会全体に誤解があるのではないかと思うのは、法律上、武力行使を可能とする要件が整うからといって、必ず行使しなければならないわけではないということです。当たり前のことですが、法的には行使できたとしても、政策的に行使すべきでないという広範な領域があります。

安全保障というのは、本質的に万が一に備えるための政策領域です。そこでは、あらゆる事態を想定して、政策の選択肢を幅広く確保した上で、実際の政策判断は慎重に行うというのがもっとも望ましいアプローチです。もちろん、日本では長らく自民党の一党優位体制があり、国会において数の論理で押し切ることがたびたび起こったために国会が機能しないという反論もあるでしょう。しかし、私が気になるのは、このような発言が本来死力を尽くして頑張るべき野党の側に散見されることです。それは討議の場としての国会を弱くし、国民の判断力を軽く見ることにつながります。もちろん鶏と卵の問題なのですが、国民の判断力を信頼していないから、真正面からこの問題が議論されないのではないでしょうか。

日本の安全保障論議にもっとも不足しているのは、この政策判断をめぐるリアルな議論です。リアルな議論が行われる前提は、政策決定がリアルな情報に基づいて行われるということであり、主権者である国民にリアルな情報が提供されているということです。

安保法制について、実際に進められようとしている方向性は、国際的なスタンダードからすれば常識的な内容です。気になるのは、その結論に至るための議論が十分成熟したものになっていないということです。政府与党には、リアルな状況認識に基づく課題設定が求められ、野党各党には、手続論や経緯論を超えた実質的な討議を期待したいところです。

憲法学者への疑問

（2015年6月13日）

2015年6月4日、衆院の憲法審査会の場で、立憲主義について与党を含む各党推薦の参考人から意見を聞こうとしたところ、その3人の憲法学者が、民主党議員の質問に対し、安保法制について揃って違憲との見解を示したことがきっかけで、左派勢力からは違憲論が、与党内からは不手際論が、メディアからは思惑含みの政局論が飛び出してきました。

私としては、3人の憲法学者の意見は、特段の驚きではありませんでした。代表的な憲法学者の発言や著作に触れてきた方であれば、そうだろうと思います。憲法秩序の安定性を何よりも重視し、現実世界を法解釈にひきつけて線引きしようとする姿勢は、法律家にとっては自然なものでしょう。しかし、3人の憲法学者の意見が社会にこれだけ影響を与えるということは、少し予想外でした。

日本はいまだに「不思議の国」なのだなと。冷戦後四半世紀の国際社会の変化はこの国を本質的には変えてこなかったし、90年代のPKO以来の日本国内での議論はいったいなんだったのかという感慨です。日本の安全保障をめぐる議論は、本当に双六のはじめに戻っていいものか、安全保障政策の一大転換をめぐる議論が憲法論にジャックされていいものか、ということです。

これまでも申し上げてきたとおり、戦後日本の安全保障政策は、憲法解釈のごまかしの歴史でした。戦力の不保持と言われれば、軍事組織を「警察予備隊」と名付けました。認められる武力行使を「必要最小限度」の自衛権に限定し、その中身について延々とガラス細工の解釈論を積み上げてきました。今般問題となっているのも、この「必要最小限度」の線をどこに引くかということです。政府は、「新三要件」という限定をつけることで集団的自衛権も認められるとし、憲法学者の3人はそれに反対したということです。

断ち切れなかった甘えの構造

国際紛争に触れてきた人の殆《ほとん》どは、ペシミスト（悲観論者）です。世界がいかに暴力と不正と偽善とに満ちているかを日々突きつけられるからです。平和や正義は、絶望感の中に見出す一筋の光明でしかなく、多くの献身的な人々の不断の努力の上に築かれていることを知っているからです。そこにおいて戒められるべき一番のことは、甘え。リアリズムとは、世界を理解する上でも、自らを律する上でも甘えを排するということに他なりません。

もちろん、国内の民主主義のプロセスにおいて、厳しい緊張感を持続させることには無理がありますから、多少はお題目に流れる向きもあるでしょう。けれど、責任あるリーダーは現実を語らなければいけないし、伝える側にもプロ意識が必要です。何十年に一度の政策転換の過程の、ここ一番のときにこそ真価が問われるのです。

憲法学者が提示した違憲論に飛びついて右往左往する日本社会には、国際社会から発せられる緊張感から解放されたいという甘えの構造を感じます。中国が台頭し、北朝鮮の核武装が既成事実化し、米国の力にも陰《かげ》りが見えています。国際的なテロリズムが日本にとっても他人事でなくなり、宇宙もサイバー空間も新しい戦場になろうとしているときに、「そうは言っても、えらい学者さんが違憲だと言っているんだから」として、思考をいったん停止する誘惑には根強いものがあるのでしょう。

この四半世紀で何が変わったのか

一般に、憲法学の立場からなされる安全保障の議論には三つほど違和感があります。一つは、日進月歩の安全保障の現実を十分に踏まえていないこと。一つは、同盟を機能させる現実を十分に踏まえていないこと。最後の一つは、憲法と法律の空間を拡大する傾向にあることです。もちろん、憲法学者の意見が一様なわけもなく、少々乱暴な一般化であることは、あらかじめ断っておく必要があるでしょうが。

安全保障の世界は、冷戦後の四半世紀の間に大きく変化しました。精密誘導兵器が本格的に実戦投入されたのは90年代初頭の湾岸戦争です。そこから、社会全体の情報化に輪をかけて軍の情報化が加速します。いわゆる軍事革命です。現代戦の優劣は指揮・情報系統の能力で決まってくるため、一定の同盟関係にある軍隊は個別に行動しても戦力となりにくく、戦場では足手まといとなるか、場合によっては危険ですらあります。同盟国の軍隊の一体化は不可逆的な技術上の要請なのです。それに対し、財政の専門家や古い安全保障認識に頼っている人々は、船の隻数など数の積み上げのみで軍事力を理解しようとしています。

過去四半世紀の安全保障のもうひとつの変化は、戦場があいまいとなったことです。冷戦中は、前線が明確に存在しました。朝鮮半島であれば北緯38度線がそれであり、欧州であれば、ベルリンの壁がそうでした。核戦争以外では、前線と後方が安定的に分離しており、危険を伴う戦場を特定できたのです。ところが冷戦のタガが外れると地域紛争が勃発し、独裁政権が倒れました。イラク戦争をはじめとする愚かな戦争もありました。結果として生じたのは、秩序の崩壊であり、地球規模でのテロリズムの拡散です。宇宙の戦場化も着々と進行しており、いまや最も激しい戦闘が行われているのはサイバー空間です。

安保法制に関する憲法学者の懸念の大きなものとして、外国の軍隊を守るのか、自衛でなくて他衛を行うのかというものがあります。また、武力行使の明確な歯止めとして、地理的制約を求める意見が根強い。申し訳ないけれど、それは、現代戦の現実を踏まえていないのです。ある意味、憲法学者が懸念するとおりなのだけれど、自衛と他衛は分けられなくなってしまったし、脅威は地理的に定義することも難しくなったのです。その厳密な理解なしに、カジュアルな物言いとしての「地球の裏側」まで行くという雑な議論がまかり通ってしまうのは、いったいなぜなのか。この辺りにこそ、法律家が重視する厳密さが発揮されるべきなのです。

同盟国の国民感情

同盟を考える上で重要なのは、冷戦後、特にイラク戦争後の世界は、米国が「帝国」的な存在から、多極的な世界における「大国」へと変化していく時代にあるということです。この変化にあたっては、過去の帝国の権力移行と異なり、米国が民主主義国であるという点が際立っています。米国民の意思によってこの変化が加速する可能性が高いということです。世界の警察の座を下りた米国民は、同盟国にもギブ・アンド・テイクを求めるでしょう。民主主義国の国民感情として当然の動きであろうと思います。

米国は、日米同盟を通じて、日本が攻撃を受けた際の防衛義務を負っています。その義務をはたす過程で、米国兵がリスクを負い、血を流す可能性も当然あるでしょう。よくよく考えてみれば、すごいことです。

安全保障通の方から、「米国は日米同盟抜きでは超大国ではあり得ない」という意見をよく聞きます。米国から見ても日米同盟は重要であるという意味では当たっているかもしれない。ただ、そこで抜け落ちているのは民主主義国の感情面の分析。その視点を考慮に入れなければなりません。民主主義国間の攻守同盟の根幹には信頼関係があります。この信頼関係がないようであれば、有事にはどのみち役に立ちませんから、同盟などはやめてしまうべきなのです。

私にはときどき、憲法学者が日米同盟に対して敵対的に思えてならないことがあります。

憲法をはじめとする国内法という「こちらの事情」と、対外関係を考える際の国際法や条約との間の一定の緊張関係に違和感があるからでしょうか。感情面も含めた同盟管理の思考体系が性に合わないのでしょうか。国連憲章は、武力行使が認められる場合として、一国が行使する自衛権と、国際社会が共同して対処する集団安全保障の中間的な形態としての同盟を許容しています。

今から何百年かたって、国際社会が平和の危機に共同で対処する時代が来るかもしれないけれど、当座の現実としては、同盟こそが殆どの国にとって最も重要な安全保障の枠組みなのです。しかも現在の東アジアにおいて、同盟や集団的自衛権を時代遅れのものとして語ることは、常備軍の廃止を訴えることと同じくらい「未来志向」の主張なのです。それは実務の議論ではありえません。

法治国家を形作るもの

憲法学的安保論に対する懸念の最後は、あらゆる問題を憲法論・法律論にしてしまうということです。法律論では、解釈の安定性が大事ですから、静的な適用要件をあらかじめ決めておきたいという要請が働きます。動的に事態が進展する安全保障の世界において、この発想はなかなか曲者です。現場で役に立つ基準を作りたいのであれば、法的な要件を事細かく定めるのではなく、原則をしっかり決めておく必要があるのです。立法府と行政府の関係にも関わってくるけれど、安全保障分野には行政の裁量さえ認めないということでは現実的な政策遂行は望めません。

法律というものは、実態からかけ離れすぎては効果を失うのです。人間性に反するルールは、結局だれも守らなくなり、ルールそのものの信頼性を損なうからです。仮に、日米の部隊が公海上で共同警戒活動を行っていて米艦が攻撃を受け、更なる犠牲が迫っているとしましょう。自衛隊の護衛艦が敵艦に反撃できる態勢にあるのに集団的自衛権を行使しないとすればどうでしょうか。

仲間を見捨てることは、軍人のモラルに反するでしょうし、人間性に反するということもできるでしょう。それでも反撃すべきでないとするならば、護衛艦の艦長に超法規的な判断を迫っているのと同じです。難しい判断を現場に押し付けることは、法治国家では絶対にやってはいけないことです。実務家が法律を尊重するためには、法律家は現実の世界に敏感でなければいけないのです。その両輪があってはじめて、立憲主義が成り立ち、法治国家が成り立つのです。

日本の防衛関係者は立憲主義や法治主義を非常に重視しています。集団的自衛権の行使を前提とした訓練は、図上演習さえ行ってきませんでした。自衛隊の一部に法務の専門家がいることは重要だけれど、すべての部隊長がガラス細工の法解釈を絶えず気にしていては、実力組織は維持できません。

政権に不手際があっても安保法制は必要

潮目が本当に変わったとするならば、安倍政権の答弁の不手際が誤解を招いたという側面も大きいでしょう。政権が、有事に際してフリーハンドを確保したいという姿勢をとったのに対し、野党は明確な歯止めを引き出すべく細かい質問を続けました。国会で意見をぶつけ合う過程で、より良い法案へ収斂していく道もありますから、細かい質問が健全に機能する場合はもちろんあります。しかし、今回の議論では政権側が、石油の禁輸を通じて国民が餓死あるいは凍死する事態や、米艦船に邦人が乗っている事態を全部ひっくるめて存立危機事態としたことで、いかにも場当たり的な印象を与えてしまった。

それでも安保法制は日本の安全保障のために求められていると思います。平和と自由と豊かさを引き続き守っていくためには必要だと思うからです。そしてそれが、政権の不手際とは関係のない本質だからです。一度政権を担い、安全保障においてリアリズムを標榜《ひょうぼう》する民主党議員はそうした声を上げるべきでしょう。維新の党についても同じことが言えます。政局を追い求める気持ちはわかるけれども、安全保障は政局でもてあそぶべきものではないし、そのような姿勢では本格的に政権を奪取するつもりがないとみなされても仕方がありません。

長期政権を見込んでいる安倍政権には、ぜひ安全保障環境の変化と同盟の持続可能性について、これまでよりも率直な言葉で語ってほしいと思います。今般の変更によって現場のリスクは高まる、という当たり前の事実を認めたうえで、抑止にとどまらない更なる外交の必要性を認め、その両輪があってこそ国民の安全性も高まるということを丁寧に主張することです。

集団的自衛権は国際的には必要とされており、国防を現実的なコストで行い、日米同盟を維持するために必要であると認めたとしても、国民は理解するだろうと思います。むしろやってはいけないことは国民の理解力を低く見ることです。

安保法制は「自画像」の戦い

（2015年9月19日）

安保法制の政治論争が過熱し、内閣支持率が低下する中で、政局論を展開する識者も出てきました。総裁選を控える自民党内での発言や、安倍総理の祖父である岸信介元総理が安保改定と刺し違えて退陣したことも念頭においているようです。

しかし、私はこのような見方に対して懐疑的です。議席数で他を圧倒する政権にとっての本質的な脅威は、与党内、特に自民党内の離反ですが、そこでは、安保法制をめぐる議論が与野党の泥仕合となり、古い対立に新しいエネルギーが注がれたことで、むしろ求心力が高まっているようにさえ見えるからです。小泉進次郎氏の発言も、石破茂氏の発言も、政権にダメージを与えることを意図してのものではなく、支持者向けだろうからです。

そうした党内の抑制的発言は、観測気球か、ガス抜きの意味しかないでしょう。つまりは、本音を開陳することでメディアの注目を集める議員の存在はオーケストラの中のパーカッションのようなもので、本筋に影響を与えるものではありません。

政権基盤への影響を考える際には、近年の日本政治をめぐる構造を理解する必要があります。選挙制度のあり方や一票の格差、政党のイデオロギー的配置を前提とすると、日本政治の方向を決する有権者の約7割はハードコアからマイルドまで、保守的な志向を持っています。政権からすれば、この保守系の票が真っ二つに割れるようでなければ本質的脅威とは見なされません。その意味から、国民の理解が不足している現状に対して、総理が積極的にメディアに登場して説明する姿勢をとっているのは、この7割の保守基盤を固めているのであって、決して反対勢力を味方につけることを意図したものではないでしょう。

そのような事態が想定されるのは、保守的な対案をもった一枚岩の野党が現れるときです。世論調査を見る限り、法案に対する国民の不満が高まっているのは事実でしょうが、このような構造をひっくり返すものでない限り、政権には脅威とはなり得ないのです。では、自民党以外の勢力はどのようにこの安保をめぐる問題に取り組んできたでしょうか。

妥協と苦渋と

与党公明党は、連立政権の中にあって何とか存在感を示そうと必死です。それは、主に自己イメージの世界の話ではあるけれど、平和の党としてのブランドを守るための難しい判断があったのだろうと推察します。公明党の判断に対して、支持組織の現場からあからさまな批判が表明されています。通常の公明党の感覚からすれば、看過し得ない事態なのだろうけれど、それでも必要な判断を下した重みは感じられます。

民主党は、安保法制に対して反対を貫くという決断をしました。特に、国会で参考人による違憲との陳述がなされて以後は、入口の憲法論と法律論に傾斜して勝負をかけました。党内に路線対立を抱える中、対案路線もありえたのだろうけれど、そこは旧社会党的DNAに立ち戻って、ある種、戦後日本的に筋を通したのでしょう。徴兵制論を持ち出して懸念をあおるやり方も、女性を中心にある程度の効果は挙げています。

ところが法案への反対が高まり、政権への反対が高まる中でも、民主党への支持がそれほど高まっているようには見えません。政権担当能力を疑われ、日本政治において二大政党制が存続するかどうかの瀬戸際にあると思うのだけれど、民主党が抱える葛藤と覚悟が見えにくいということがあるのでしょうか。

維新の党は、哲学としての対話路線と、国会の中で存在感を発揮するために採用すべき戦術の間で揺れています。「維新という政治運動」の求心力は、先の大阪都構想をめぐる住民投票の否決によっていったん頓挫《とんざ》しました。そんな中、次なる政治的な旗として着目されたのがナショナリズムだったように思います。維新の対案は、集団的自衛権を認めない代わりに、個別的自衛権を拡張的に解釈するものです。そこには、戦後日本の政治的な自画像を守りながら、保守的な有権者の支持も獲得したいという政治的誘因があるのでしょう。維新のような新しい政党の中にさえ、戦後的なるものが息づいているのはちょっとした驚きを覚えます。

戦後日本の自画像

誤解を恐れずにいえば、安保法制が政治性を帯びているのは政策変更の重大性ゆえのことではないのではないか。政治的対立が高まっているのは、それが、戦後日本の自画像をめぐる闘いだからだと思うのです。

集団的自衛権の行使は、それをどう呼ぶかは別にして朝鮮半島危機を想定した周辺事態法において、既に事実上認められています。

今般の安保法制のポイントは、日本の存立が脅かされる場合という限定はつけながらも、集団的自衛権の行使を正面から認めようとしていることです。「保有しているけれど行使できず」としてきた、政府の憲法解釈を変更するものであり、戦後日本に存在してきた重要な政治的合意を覆すものです。

この政治的合意には、強い政治的感情が宿されてきました。私自身、改めて政治というものが持っている威力を感じています。政治的立場が、家族や友人や職場における人間関係に波及し、社会が全体として政治性を帯びていくという感覚です。それは、政治的な動物であるところの人間が、しばしば、信念によってではなく「敵」によって自らを定義してしまうという現象です。日頃は、対立を覆い隠すことに長けている日本社会であるからこそ、対立の存在にはっとさせられます。

私は、世代として60年安保を知りませんが、現在の状況は、当時を生きた世代がくぐった感覚につながるのかもしれません。60年安保の時には、日米同盟を前提としてその双務性を高めたいという側と、憲法の理想に沿って非同盟中立を志向する側の対立がありました。そこには、同時に、戦後の日本社会を形作る様々な政治的象徴性が宿されていたのです。それは、戦前・戦中から連続性を持っていた指導層に対する戦後派の異議申し立てでした。いまだ特権的雰囲気を持った学生達が田舎出身の若い警察官を小馬鹿にするという、大衆化前夜の日本社会の時代性も宿していました。平和憲法を戴《いただ》きながら自衛隊を増強する政府を攻めるデモ隊の熱気は、岸内閣の退陣をもって頂点に達します。

奇妙だったのは、後継の池田内閣が低姿勢をとり、空前絶後の高度経済成長のエンジンが回り始めたことで、成功した社会運動が急速に萎んでいったことでした。

戦後日本のごまかしの象徴であった日米安保体制は、国民から支持を集めて定着し、官僚的に高度化されていきます。安全保障の根幹を日米同盟に依存しつつ、そのことにはなるべく触れずに、平和のための諸制限を自らに課していく戦後日本の自画像が完成したのでした。

日陰者の感覚

安保法制を推進する保守的な政治勢力には、戦後長きにわたって日陰に追いやられてきたという感覚があります。戦後の日本社会は、自らの自画像を守るためにそこからの逸脱に対して厳しく対処してきました。戦前的なるものの排除の中で、世界規模では常識的と認識されている、現実的な安全保障政策までもが排除の対象とされました。そのような主張を展開する者は、踏絵を迫られ、社会的に排除されてきたのです。

冷戦が終わり、長い不況に苦しみ、政権交代とその挫折を経て、政権を奪還した自民党で権力の中枢に身を置いたのは、そのような体験を共有する勢力でした。3年前の自民党の総裁選において決選投票に進んだ安倍晋三氏も石破茂氏も、そうした政治勢力を象徴する政治家です。厳しさを増す国際環境の変化も、彼らが志向する政策変更を正当化するものでした。それに対して、国民も継続して高い支持を与えました。

自民党の一部には、リベラル勢力に対して「倍返し」したいという感情が燻《くすぶ》っています。かつての自民党であれば日の目を見ることは無かっただろうと思われる人々も、出張ってきています。それでも、自民党は戦後政治の伝統にのっとり、抑制的な案を出してきました。安保法制のきっかけとなった安保法制懇（安全保障の法的基盤の再構築に関する懇談会）の提言を踏まえれば、もっと踏み込んだ政策変更も想定されたはずです。しかし、実際の政府案は、いわゆる新三要件を通じて殆ど使うことが想定し得ないものとなりました。「我が国の存立が脅かされ、国民の生命、自由及び幸福追求の権利が根底から覆される明白な危険がある」場合とは、ほぼ確実に個別的自衛権の発動が許容される事態です。政府と自民党は、安保法制を通じて一種の政治的象徴性を勝ち取ったに過ぎないのです。

戦後日本的なるもの

こと安全保障に関する限り、私は戦後日本的なるものに相当程度懐疑的です。そこには、リベラル勢力の欺瞞《ぎまん》があり、保守勢力の憎しみと倍返しの感情があり、左右双方に視野狭窄《きょうさく》があります。ごまかしに立脚した憲法解釈の微細加工という方法論にそもそも限界があるとも思っています。もちろん、外交や安全保障の世界には一定程度の建前や偽善がつきものです。それを許容することは、成熟の一つの形ではあります。欺瞞の中でも最もたちが悪いのは自己欺瞞であり、欺瞞であることさえ忘れてしまうことです。

同時に、戦後日本的なるものは我々の血肉となり、現代の社会を支えています。活力ある経済も、男女の平等も、教育や福祉の充実も戦後日本の成果です。安保法制をめぐる活発な議論も、戦後リベラリズムが築き上げた言論の自由という台座の上ではじめて可能となったものです。

政治の世界において、戦後的なるものの中には、いくつかのタブーを除き、ある種の寛容さがありました。それは、自民党という政権政党の中に存在したことで特に意義深いものでした。選良を見抜く良識というものもありました。民意とは別の次元で、一種の知的な伝統として、ゴロツキやイデオローグ達は、権力の中枢から排除されてきました。

安保法制が有している政治性についてもっとも強く感じることは、現実的な安全保障政策と戦前的なるものは同一視されるべきではないということです。この点については、浅薄なレッテル貼りを行う左派勢力とも、不届きな発言を行う右派勢力とも一線を画する必要があります。

安保法制は、政治的には、日本にとっては戦後日本的なるものを乗り越える一つの試練でした。それは、必要な試練だと思います。ただし、その過程で、戦後日本的なるものの成果については、いささかも揺るがせにしてはならないのです。

歴史問題はどこまで進んだか？

戦後レジームからの脱却において、安全保障と並ぶ柱は歴史問題でした。安倍政権という、自民党の中でも右寄りの歴史認識を持つ総理大臣を首班とする政権が、歴史問題で何をするのか、第二次政権の発足以来、内外から関心が寄せられてきました。2013年12月に靖国神社を電撃参拝して以後、安倍総理自身は参拝を封印します。毎年参拝していた小泉純一郎元総理とは違って、右派だからこそ参拝したことへの反発も大きく、より制約が課せられるという状況にあったからです。この封印を通じて、識者の中には政権はリアリズムを取り、歴史問題を諦めたのだと解説する人もいます。

しかし、ほかならぬ歴史問題において、安倍政権は戦後レジームからの脱却にかなり成功したのです。それは、米国との紐帯《ちゅうたい》をかつてないほどに強め、対米開戦に関わる歴史論争を終わらせ、慰安婦問題などの他の分野でも、保守優位のもとでのリベラルへの歩み寄りによる部分的和解を行うという形をとりました。ただし、沖縄の問題だけは、中央政府と地方政府の関係が悪化、膠着《こうちゃく》し、なすべきことがなされないままに放置されています。

今改めて振り返ってみるとどうでしょうか。戦後70年談話と慰安婦合意を通じて、特に対外関係での歴史論争が終わったわけではありませんが、対内的にはかなりの程度、歴史論争の収斂《しゅうれん》がみられたとみてよいでしょう。どのようにしてそれが可能になったのか、当時の分析を順に振り返っていきたいと思います。

安倍総理は米国議会で何を語ったか

（２０１５年４月30日）

２０１５年４月に安倍総理が日本人の総理大臣として初めて米国上下両院合同会議で演説を行いました。これは、お定まりの演説ではありませんでした。印象に残る名演説であれば日米関係の次の10年の雰囲気を規定することもできるし、反面、失敗するリスクもそれだけ大きかったのです。まずは、この演説に対する評価を試みたいと思います。

演説を行うまでの事前の展開や期待値の推移は、日本にとって不利な状況にありました。もっとも注目を集めたのは、歴史認識についての総理が使う具体的な文言でした。「深い反省」という最近総理が使用する言葉が引き継がれるのか、「謝罪」、「植民地支配」、「慰安婦」などの言葉は使われるのかという、チェックリスト的な課題設定です。しかも、安倍総理は、歴史修正主義者として見られており、米国でもリベラル系のメディアは猜疑心《さいぎしん》をもって様子を窺《うかが》っていました。

戦後70周年を迎えた日米関係は重要な局面にさしかかっています。経済分野においてはＴＰＰという実質的には日米をコアとする自由貿易協定がまとまるかどうかの瀬戸際。これは、1970年代以降の日本外交の主要な課題の一つが日米貿易摩擦への対応であったことを考えると歴史的な瞬間です。また、冷戦終結後、「漂流」していた日米同盟を再定義した前回の改定から20年弱の年月を経て、日米同盟のあり方もガイドラインの改定という形で新しい局面に入ってきています。

であるからこそ、演説を成功と言えるものにするためには、歴史問題のチェックリスト的な問題意識を超越して、日米関係が新しい局面に移行しつつあるということを印象付ける必要がありました。成功の定義をめぐってハードルが上がってしまった中で演説に臨まざるを得ず、追い込まれてホームランを期待されるというプレッシャーがかかっていたのです。

さて、実際の演説の結果はどのように評価すべきでしょうか。私は、短期的な課題にはうまく対応したけれど、日米同盟の局面を変えるには迫力不足であったと感じました。以下、具体的に見ていきましょう。

まず、もっとも注目された歴史認識については、うまく対応されたと思います。総理が使われた“Deep Remorse”＝「痛切な反省」や、“Deep Repentance”＝「深い悔悟」は英語話者としては強い表現であり、限りなく謝罪に近い概念です。「真珠湾」、「バターン」、

「硫黄島」などの米国人が想起しやすい固有名詞を用いて語ったことも効果的でした。あの演説を普通に聴いていた者からすれば、反省はしても謝罪はしなかったという批判は、相当偏った課題設定に映ったことでしょう。総理の明確な謝罪を引き出すことに政治的勝機を見出していた米国の一部の議員は批判していますが、ごく限られた反応と言って良いと思います。

多くの米国人には、中国や韓国がこの演説を早速批判していることは奇異に映ったはずです。しかし、奇異に映るからこそ、東アジアの難しい政治情勢が改めてクローズアップされたという側面もあると思います。この認識は、日米同盟を考える上でも後々効いてくる論点です。

歴史認識を離れて、演説が盛り上がった局面がいくつかありました。一つは、女性の活躍について述べたくだりです。経済分野の看板政策として女性の社会進出を掲げているという意味で、アベノミクスは世界的にも注目されていますし、戦時における女性に対する性暴力の問題も注目度の高い論点でした。

慰安婦問題は、日本では国家の組織的な関与があったかどうかに注目が集まりますが、欧米では現在の女性の地位向上や性暴力と結びついた現代的な課題意識が中心にあります。

その意味で、慰安婦問題について、現在にも通じる人身売買という文脈で取り上げ、過去の悲劇を非難し、現在の問題の解決に向けて努力する姿勢は正しいでしょう。ここでの問題は、いやいややっているのか、真摯《しんし》に取り組んでいるのかということです。見ている人間はすぐにわかりますので、ここでは、演説の字面を超えた話者の姿勢が問われます。

日本国内の構造改革へのコミットメントを改めて強調した点は評価されるべきでしょう。日本経済をどこまで持続可能な成長路線に乗せられるかは、日本にとっても安倍内閣にとっても最大の課題です。そもそも、国際社会の現実は、経済が元気でない日本には関心がないというものです。日米関係の重要性を米国の議員と国民に認識させるためには、日本経済が力強いことが不可欠の前提条件なのです。

ＴＰＰを日本の構造改革の延長線上に位置づけて、積極的に取り組んでいくとしたことも好印象だったと思います。ベテラン議員の多くには、日米貿易摩擦の頃の閉鎖的な日本市場の印象がありますから、日本が貿易問題で積極的であるというのは意味があります。しかも、ＴＰＰを単なる経済協定ではない、安全保障にも、民主主義にも、法の支配にも関係する存在であると主張したことで、米国内でも意見の割れている本件について反対派を揺さぶる効果もあったのではないでしょうか。

日本国内では、今後、安保法制を夏までに法制化するという事実上の国際公約が行われたことが着目されていますが、米国側の反応は少しニュアンスが異なります。日本は集団的自衛権を有しているけれども行使できないという憲法解釈は、普通の米国の議員には理解できない世界の話です。これを、突き詰めて彼らに説明したならば、それでは何のための同盟なのだという疑問が返ってくるのが関の山です。国際社会においては、程度問題はさておき、同盟とは集団的自衛権の相互行使を当然の前提としているものですから。この認識は岸田文雄外務大臣、ケリー国務長官、中谷防衛大臣、カーター国防長官の四者の記者会見の全体のトーンからも分かります。

安保論議の潮目が変わった

むしろ、注目すべきは、日中間の緊張関係と根深い相互不信の感情を目の当たりにして、米国が、日本の紛争に巻き込まれると懸念し始めていることです。日米関係においては、「巻き込まれ」の恐怖はもっぱら日本側から提起された問題でした。今日でも、日本国内の安保法制の議論では、米国の始める戦争に日本が巻き込まれるという懸念が寄せられます。

しかし、最近の米国の反応を見ていると潮目が変わったようです。不安定な日中関係と、日米同盟の存在を前提とすると、例えば、尖閣諸島をめぐる有事に米国が自動的に参戦させられてしまうという懸念が広がっているのです。米国としては、国家の死活的な利益が関わらない領域で中国と敵対しなければいけない可能性というのは、外交上の悪夢です。中国市場におけるシェア争いにしのぎを削っている米経済界からすれば、考えることさえバカバカしいシナリオに思えるでしょう。

日本外交は、尖閣諸島が日米安保の対象となることを、大統領を含む米国最高レベルで確認することに成功しました。これは非常に大きな成果です。けれど、今後も、この点は予断を許さないと考えるべきです。イスラエルとの同盟の手前、かつてはイランに対しても相当強硬であった米国がオバマ政権になって現実路線を採用しているのですから、東アジアでも同じことが起こらないとは限りません。

だからこそ、安倍総理の演説が成し遂げるべき一番の点は、米国議会の必ずしも外交通とは言えない議員や、広く米国民全体に対して響くようなメッセージを発することだったのです。前述のとおり、この点については迫力不足の感は否めなかったかなと思います。

もちろん、言語の問題はあるでしょう。総理が演説の中で、デモクラシーという言葉を連発されたのは、すこし大仰な印象でした。米国人の聞き手からすれば、ちょっとむず痒いという印象を持ったと思います。安倍総理のスタイルに合った演説を準備すべきスタッフには課題が残りました。

米国は演説の国です。米国政治の殿堂で議員達の心を動かすのは相当ハードルが高いと覚悟すべきでしょう。レーガンの国で、レーガンまがいの演説をするのは相当無謀だという感覚をもっておくことが大切です。これは、安倍総理一人に責任を帰すべき課題ではないかもしれません。安倍内閣と総理自身は、歴代内閣と比較しても国際的な広報戦略を重視し、比較的成功してきた政権ですから。国際的に通用する言葉で語り、共感を勝ち取るという能力は、残念ながら日本政界において重視される能力ではありません。日本政界全体として、レベルアップしていくことが重要でしょう。

そのためにも、と言うと少々本末転倒ですが、日本国内の政治においても、言葉尻を取り繕った官僚答弁ではなく、筋の通った言論が求められているのではないでしょうか。

戦後70年総理談話を読む

（２０１５年８月15日）

第二次世界大戦における日本の敗戦から２０１５年８月15日で70年を迎えました。終戦の日は、歴史の日であり、記憶の日ではあるけれど、何よりも政治の日です。70年の節目の今年ほど、そのことを思い知らされた年は近年なかったのではないでしょうか。70年前に国民が雑音交じりの玉音放送に耳を傾けていた日は、時が止まり、国中が沈黙していたかのようだったと聞きます。月日が流れ、我々はずいぶんと違うところに立っています。

日本中で自由な言論が戦わされ、今日感じられているのは、敗戦の絶望感と、虚脱感と、ちょっとした安堵感ではありません。そこには、自由で豊かな国における、自由で豊かな社会なりの悩みがあります。国際社会に70年前のような敵対関係はないけれど、70年前に通じるような疑心と不透明感があります。国会では、この国が進むべき道について考えさせられる法案が審議されている。

安倍政権が発表した総理談話に対しては、ただちに賛否両論の激しい応酬が展開されました。そこで表明されたものの多くは、談話そのものへの評価である以前に、安倍政権への好悪感情であり、日本という国への好悪感情だったように思います。それは、ある程度しょうがないことなのでしょう。メッセージとメッセンジャーを区別して認識することは難しいことですから。それでも、真理を追究しようと思えばその努力を放棄することはできません。

保守政治家としての集大成

私は、戦後70年の総理談話は、率直にとても良い談話であったと思います。それは、保守的な政権における安倍晋三という政治家の一つの集大成であったかもしれません。歴代の総理談話に数倍する長さの談話は、ある意味、安倍政権が一番やりたかったことだったのではないでしょうか。総理の会見からは、かつての小泉政権における郵政解散のときのような気迫が感じられました。事前にメディアに情報を流して期待値をコントロールするやり方も、同盟国や周辺国への根回しや牽制のやり方も秀逸なものでした。それが、政権にとっての最重要課題であったことを物語っています。

談話には、有識者の意見を幅広く聞き、収斂するはずのない意見を摺《す》り合わせ、今現在到達可能な最大公約数の認識に到達すべく努力が重ねられた跡が感じられます。最右翼を除く保守からマイルドなリベラル層までを射程に捉えている。もちろん、様々な理由を持ち出した批判が展開されることは目に見えていますが、それはそれで多様な言論を前提とする民主主義としては当然です。

談話が、最大公約数を目指した妥協の産物であるというのは、民主的な制約の下にある政権の姿勢として評価すべきことです。民主主義の結果としての、妥協の産物ではありながら、総理の発言から、方便として言っているという印象は受けませんでした。

過去の談話に盛り込まれたキーワードがそのままの形で網羅され、過去の日本の過ちが望むべく限りの具体性を持って言及されても、本意でないことを嫌々言わされている談話に力はありません。20年前の、社会党出身の総理が敷いた路線を、政権交代の時代の保守政権のトップにそのまま引き継げというのは、その時点で無理があります。言葉は引き継げても、感情は引き継げませんから。

今般の談話は、総理自身にとっても自民党の保守的な勢力にとっても、偽りのない範囲のぎりぎりの線だったのではないでしょうか。諸外国、とりわけ中韓がどのように反応するかはわからないけれど、気にいらないものの、許容するという範囲には納まっているはずです。欧米については、文字面を素直に読んだ英語話者であれば感心するのではないでしょうか。米国の責任ある立場からは肯定的な反応が返ってくるはずです。日本における歴史問題が政治的な重大問題となるのは、国内における冷戦が終わっていないからです。日本国内における左右対立の存在が、歴史問題に外交カードとしての力を与えているからです。その意味で、国民の最大公約数が合意できるかもしれない歴史観が提示されるということは、戦争が終わり、冷戦が終わり、転換期を迎える国際社会で生きる日本にとって重要なことです。

評価すべき三つの点

今般の総理談話は、歴代のものと比較しても長文であり、多様な要素を含んでいます。私が重要と思う箇所を3点程指摘したいと思います。

まず、日本が国策を誤るに至った経緯について記述した箇所です。

「(前略)日本は、孤立感を深め、外交的、経済的な行き詰まりを、力の行使によって解決しようと試みました。国内の政治システムは、その歯止めたりえなかった。こうして、日本は、世界の大勢を見失っていきました」

この点は、日本国内の諸制度がいかに無力であったかを振り返っています。戦前の日本は、政軍関係に大きな問題を抱えていただけでなく、軍部の中の規律さえ崩れていました。憲法上の制度としても、国民への浸透度という意味で民主主義は極めて脆弱でした。日本は、破滅へと続く道であると知りながら、それを避けることができなかった。この点は、現在の日本の民主的なリーダーである総理大臣が言及し、反省を刻み込むべきとても重要な点です。戦前の過《あやま》ちの教訓を現代にいかす、もっとも重要な視点であると思います。

次に、諸外国における犠牲について語った箇所です。

「一人ひとりに、それぞれの人生があり、夢があり、愛する家族があった。この当然の事実をかみしめる時、今なお、言葉を失い、ただただ、断腸の念を禁じ得ません」

そのとおりだろうと思います。私には、付け足す言葉が見つかりません。戦争が、その本質において悪であるのは、人間の当たり前の幸せを破壊するからです。過去の日本の行為も、それ故に罪深いのだという表明です。談話に対しても、安倍政権に対しても、賛成でも反対でもかまわないと思いますが、もう一度噛みしめなければならない言葉だろうと思います。

最後は、戦争責任の時間的な延長について指摘している箇所です。

「あの戦争には何ら関わりのない、私たちの子や孫、そしてその先の世代の子どもたちに、謝罪を続ける宿命を背負わせてはなりません」

終戦から、70年の歳月が流れ、我が事として戦争を知る世代は随分と少なくなりました。真正な反省の前提は、真正な不正への参加です。戦争が終結した時点で、指導的な立場にいた方で、今なお指導的な立場にある方は誰もいません。ということは、本当の意味で責任を取り、真正な謝罪を行える人は誰もいないということです。総理の孫でさえ、祖父の責任を肩代わりすることはできないのです。

一段重い責任を負った日本

総理談話の発表を受け、新聞各紙をはじめとするメディアが論評を行っています。謝罪やお詫びなどのキーワードが、「間接的」であるというのが反対キャンペーンの中心のようです。「間接的」という評価は事実だろうと思います。談話を読まない方、あらかじめ心を閉ざしている方には、そうした批判は一定の効果をあげることでしょう。

しかし、私は、そのこと自体は日本の民主主義の過程を経た「妥協」の結果として、しょうがないことだと思っています。さらに言えば、その妥協こそが評価できることであるとも思っています。左派の歴史観が国民の支持を集めなくなったからと言って、右派の歴史観を持ってきたところで、到底国民的合意が得られるわけではありません。また、右派と対立する社会党の党首がリベラルな価値観を提示しても、金字塔を打ち立てることができるわけではありません。保守がリベラルな価値観に歩み寄ったことこそが、国内の政治的和解や外交メッセージとして価値を生み出すのです。

一つ推奨したいのは、談話を実際に読んでみること。何を今更、と言うのではなく、もう読まれた方は、もう一度読んでみてはいかがだろうか。賛成できない箇所があったとしても、多くの国民は共感するのではないかと思います。

私は、職業柄、日本政治における対立の存在に焦点を当ててしまいます。最近、同時に思うことは、日本人の間に存在する共感の方が、対立よりもはるかに大きいということです。日本社会で表出されている対立は、良い意味でも、悪い意味でも、底の浅いものなのではないか。多くの国民は、案外、コンセンサスに近い認識を持っているのではないか。

今般の総理談話の一番の特徴は、過去の反省を過去の評価にとどめおくのではなく、反省点を昇華させ、現代への指針とする姿勢です。戦争から70年の月日が過ぎたことを踏まえれば、方便としての謝罪よりも、よほど望まれる真摯な姿勢です。東アジアにおいて、歴史は同時に政治であるわけで、結果的には、中国をはじめとする周辺諸国への牽制効果もあるでしょう。

このような姿勢を指して、未来志向という言葉が当てられます。それは、過去を水に流す姿勢ではありません。過去の教訓を、自らに課していく極めて倫理的な姿勢であり、茨の道でもあります。例えば、慰安婦問題を教訓として、談話は「二十一世紀こそ、女性の人権が傷つけられることのない世紀とするため、世界をリードしてまいります」と大見得を切りました。今後、日本はその言葉に違わぬ姿勢を示していくことが必要になります。一段重い責任を自ら背負い込んだわけです。その重みは、背負っていく意味のある重みです。

日本の一番長い日は、深いところで感情の蠢く日です。政治家の靖国参拝、国内の意見対立、諸外国の反応、今年もいろいろあるでしょう。政治の日である8月15日は、お盆として死者を迎える日でもあります。暑い夏休みの週末の一日として、ゆっくり過ごしたいと思います。

真珠湾で語られた「日米和解」（２０１６年12月28日）

安倍総理がハワイの真珠湾を訪問しました。この訪問は事前からメディアに宣伝され、史上初であるかどうかも含めて（実際には4人目です）、様々に喧伝された和解の総仕上げの演出ではありました。こうした政治化された訪問で劇的な成果として評価を受けるのは通常難しいのですが、今朝の総理演説を聞いてみると、これまでの「必要悪」としての日米同盟から脱却しようとした歴史的なものであったと思います。

12月28日の朝、風の強く吹く真珠湾で語られたのは、戦没者への慰霊と、寛容に基づく日米の和解の力でした。まず戦艦アリゾナに乗り組んでいた普通の若者たちの運命とその家族の悲嘆に思いを寄せ、そして日本の軍人のために碑を建てた米軍の寛容を自国民に向かって語りかける。日米の和解が総力戦を戦った者同士の、勝者の寛容に基づく和解であるがゆえに特別であることを強調する。

退任間近のオバマ大統領は、総理の演説と呼応するアメリカのストーリーを語りました。米軍の勇敢に戦った軍人たち、真珠湾攻撃により結束し立ち上がったその世代の米国民たち。そして任期を終えようとしているオバマ大統領は、混乱する世界や、トランプ現象を暗に踏まえ、異質な存在を悪魔化することの危険を説きます。日米同盟が共通の利益だけでなく、共通の価値に基づく同盟であること、平和がどのような戦争の果実よりも価値があることを説き、和解を演出する。3・11後のトモダチ作戦やイチローなどに言及する。この両首脳は、こうした歴史を作るような和解というものを一番やりたかった2人です。岸総理の孫として、あるいは黒人初の大統領として、象徴性を背負う存在だからです。問題は、こうした演出がどれだけ自国民たちに受け入れられるかでしょう。

真珠湾攻撃の日には様々な象徴性が存在します。ある人には、無謀な戦争に突っ込んでいってしまったことを反省する日であり、またある人には、戦争を選ばざるを得なかった当時の国際社会の構造を思う日です。この節で焦点を当ててみたいのは、日本とアメリカという二つの国家と国民の関係について。端的に、同盟とは何かということです。

草の根の反米思想

戦後の日米関係は、敗戦国と占領軍という関係として出発しました。この事実から逃れることはできません。すべての占領軍がそうであるように、米国の占領には横暴な部分もありました。一部の米兵が気の良い青年たちで、ソ連に占領された旧社会主義国よりは「まし」であったにしても、一般国民にはそれは理解しがたかったでしょう。当然、戦後初期には反米や平和主義の左翼思想に勢いがありました。

ただ、冷戦の現実の中で日米同盟以外に国を成り立たせる方法はありませんでした。結果として何が起きたかというと、政権は、日米同盟を「必要悪」、あるいは「功利主義」の理屈で国民に説明したのでした。必要悪というのは、「同盟を結ぶことはやむを得ない」ということであり、功利主義というのは、「同盟を結ぶ方が日本にとって得である」という説明です。

少なくとも、1952年の主権回復以降の日米同盟は、日米双方が自らの意思に基づいて締結したものであるにもかかわらず、日本人の心に日米同盟への妙な他人事感を宿させる結果となってしまった。左右双方に、草の根の反米思想のようなものがあり、政治のリーダー達にもどこか卑屈な部分が残ってしまった。米国に対して「ものを言える」政治家の人気が高いのは、そのような構造を反対側から表したものです。

80年代の中曽根康弘総理の「ロン・ヤス」関係にしても、90年代の橋本龍太郎総理の通商交渉で引かない姿勢も、2000年代の小泉総理のブッシュ大統領との信頼関係も、その淵源には、米国と対等でありたいという強い願望があったわけです。
言ってみれば、日本外交が米国との距離感で決まっていた時代です。

中国への恐怖感

そんな日本外交の構造が変わったのが、第一次安倍政権の誕生以降だったのではないでしょうか。大きく変わったのが中国の存在感です。2000年代初頭までは、日本でも中国懐疑論あるいは中国崩壊論に一定の勢いがありました。ところが、08年の北京五輪を迎える頃には、中国の大国化と将来の中国の超大国化は明らかでした。時を同じくして米国はイラク戦争で躓き、東アジアの情勢変化への関心を低下させてしまいました。

日本外交の方向性を決める支配原理が、米国との距離感から、中国との距離感あるいは恐怖感の度合いへと変化したのです。日米が友好的であることは、織り込み済みの前提となったわけです。当然、時代の変化に合わせて日米同盟をどのように捉えなおすのかということが課題となります。

一方には、日米同盟について自由、民主主義、法の支配などの価値観を共有する国民同士の信頼関係に基づいているとの考え方があります。現政権もそうであるし、私もそう思っています。ところが、そういった理念には少々バタ臭いところがあり、本当にそれが国民に浸透しているのか、日本のリーダー達が本当にその理念に共鳴しているのかは怪しい部分があります。

もう一方には、いまだに日米関係を必要悪としてとらえている考えも根強いからです。安保法制をめぐる国会審議が行われ、国会をデモが取り囲んでいた時には、その種の考えがメディアにも溢れました。

トランプ時代の同盟関係は？

世界中の様々な国同士の同盟を比較したときに、日米同盟というのはたいへん特殊なものです。日米同盟には、人種的、あるいは文化的な親近性の基盤はありませんし、かつての敵国同士が激しく戦った後に締結したものです。この点は、米英同盟や、米国とイスラエルの関係とは全く異なります。また、日米同盟は試されたことのない同盟でもあります。日米同盟が現在の形となった1960年以降、日米は他国と戦っていません。この点は、例えば米韓同盟とは異なる部分です。

私は、日本国民の米国に対する認識や、日米同盟についてどのように考えているかを調査したことがあるのですが、とても面白い結果が出ています。例えば、尖閣諸島をめぐって日中間で何らかの有事があった時、日米同盟が機能すると思っている日本国民の割合は実は2割程度しかいません。他方で、米国を好きであると思っている日本国民の割合は約8割にも上ります。日本国民は、日米同盟に対して過度の期待を持っておらず、とても冷静な状況判断をしている一方で、米国のことは好きなのです。

私は、日米同盟の将来の基盤もここにあるのではないかと思っています。つまり、日米同盟を絶対視することはしない。トランプ政権の誕生を通じて、米国内に超大国の地位から引いて行こうとする勢力の存在感が増していることが明白となりました。中東でそうであるように、米国は東アジアの地域紛争に介入する意思、そこで若い米国兵を犠牲にする気はもはやないでしょう。日本は、そのことは認識しないといけません。地域の脅威に対抗するための防衛力の整備も、地域の緊張を緩和するための外交の努力もより主体的に行わなければいけません。

日本自身の主体性を強めたうえで、ただ、同盟をどのように捉えるのかという課題は残ります。国民感情の素朴なレベルで、同盟をどのように位置づけるかということです。トランプ大統領個人を超えて、トランプ現象が投げかけた疑問は、同盟の根幹がどこにあるのかという問いでした。「日本が攻撃されたときに米国は日本を助けるが、米国が攻撃されたときに日本は助けないのはフェアじゃない」と言われたとき、日本国民はどう答えるのか。これまでどおり「必要悪」で行くのか、それとも、日米同盟をより「普通の国」同士の「普通の同盟」として再定義していくのか。

民主主義国同士の同盟は、政治家や官僚などのリーダー層の間だけで成立するものではありません。究極的には、国民を巻き込んだ支持がない同盟は、いざという時に役に立たないからです。

2016年秋の大統領選では、トランプ氏が当選しました。今後、トランプ時代を迎えて、「米国がどんな要求をしてくるか」だけを恐れるというのはちょっと違うのではないかと思います。トランプ時代には、より根本的に同盟が試されるでしょう。日本は、もっともっと深い問いと直面しなければいけないのです。

慰安婦問題　政府合意の後に

（2015年12月29日）

日本政府と韓国の朴槿恵《パククネ》政権が、慰安婦問題について合意に至りました。先の首脳会談で、「年内解決」がぶち上げられて以来、日韓合意が近づいている旨のリークが続いていましたから、まったく意外であるというわけではありません。私自身は双方の国内政治上、受け入れ可能な合意に至るのは難しいのではないかと懐疑的でしたので、「本当にやるのか」というのが率直な印象でした。その上で、今般の合意については老練な外交成果として評価したいと思います。

合意の骨子は、まず日本政府が慰安婦問題について「軍の関与の下に、多数の女性の名誉と尊厳を深く傷つけた」ことを認め、「心からおわびと反省の気持ちを表明する」ことにあります。ここでのポイントは「軍の関与」という幅のある表現を使っていることでしょう。韓国からすれば日本軍による国策として強制性を認めさせたと主張できますし、日本は軍主導による強制連行とまでは踏み込まずに、慰安所の運営に軍が関わっていたことを認めたに過ぎないと主張できます。

合意では、「韓国政府が、元慰安婦の方々の支援を目的とした財団を設立し、これに日本政府の予算（約10億円）で資金を一括で拠出し、日韓両政府が協力し、全ての元慰安婦の方々の名誉と尊厳の回復、心の傷の癒《い》やしのための事業を行うこと」になっています。個々の元慰安婦の方が金銭を受け取るのか否かについては、韓国政府に下駄を預けています。その結果として、慰安婦問題は「最終的かつ不可逆的に解決されることを確認」されるという、日本が一番欲しかった言質を得ているわけです。

長らく懸案として存在し、戦争と暴力と性的搾取に関わる問題ですから、左右双方から様々な意見が表明されています。今後の日韓双方での世論の展開は読み切れませんが、左右の両極に位置する勢力以外は積極的に「評価」まではせずとも、「許容」するのではないでしょうか。特に、妥協を嫌う保守陣営を黙らせることは、保守に基盤を持つ安倍政権にしかできなかったことでしょう。その点が、自民党の中のリベラル勢力を代表していた河野洋平官房長官主導の河野談話との違いでしょう。

反発する保守勢力に対しては、韓国側の出方を見ようと言うことができます。韓国政府が本当にこの問題を提起しなくなるのか、また、在韓日本大使館前の少女像の撤去・移転について「努力する」のか、韓国側にボールがあるからです。

2013年末の総理の靖国参拝と同様、国内メディアが「休日モード」に入っているタイミングを見計らっての合意発表といい、合意に至る過程での期待値コントロールのやり方といい、今回の合意には老練という印象を持ちました。

それでも、何か引っかかるものがある。政権による「歴史的」との自画自賛の評価とは別に、いくつかの懸念を覚えるからです。

国民の和解は遠い

最初に確認すべきは、これは政府間の合意であって、国民間の合意でも和解でもないということです。当たり前のことですが、重要な点です。

朴槿恵政権は、これまでの常識からはとても解決できるとは思えない難題を抱え込みました。もちろん、日本側として、相手国が国内合意を取り付けられるかどうかまで心配して交渉する義理はありません。韓国の国内説得はどこまでも韓国の問題だからです。実際には、元慰安婦の方の説得も、慰安婦の方々を支援してきた対日強硬派の挺対協（韓国挺身隊問題対策協議会）の説得も、少女像の撤去も、どれも一筋縄ではいかないでしょう。

日本側の世論も微妙です。足下の合意に不満を表明している保守層のことではありません。低位で安定している対韓世論全般が、さらに悪化するのではないかと思います。なぜなら、今後、慰安婦問題は以下のように展開するだろうと予想するからです。

今回の合意に韓国国民は拘束されませんから、韓国内はもちろん、米国や豪州など韓国系の住民を抱える国においては、これまでにも増して慰安婦問題がクローズアップされることでしょう。慰安婦像もどんどん建てられるはずです。

また、日韓政府は、「国連等国際社会において、本問題について互いに非難・批判することは控える」ことに合意していますが、当然、私的な団体による問題提起はなくなりません。韓国政府も、慰安婦問題で日本政府を「批判」することはしないかもしれませんが、当然慰安婦問題を「記憶」し、「顕彰」するための活動は継続するはずです。

今回の合意によって、日本社会には、今後、韓国（人）は慰安婦問題を持ち出さないという期待が生じているかもしれませんが、その期待はほぼ確実に裏切られる運命にあります。残念ながら、韓国国内に存在する強い反日世論は変わりませんから、反日運動は続きますし、日の丸が焼かれることも続くのです。韓国政府による対日批判は多少はトーンダウンするでしょうが、日本国民から見た慰安婦問題の取り上げられ方には大きな変化はないはずです。

日韓関係については常々、国民に支持されない合意はもたないと申し上げてきました。悲観主義が過ぎるのかもしれませんが、数年後、あの時が日韓関係の転換点だったと振返ることになるのか。国民の支持に根差さない「プロの妥協」がかえって国民同士の関係をこじらせないか、懸念を覚えるわけです。

何のための妥協だったのか

慰安婦合意に至る過程では、日本政府も重要な点で妥協を行っています。大事なのは、何のための妥協であったのかということです。

最も一般的な解釈は、東アジア外交のためということでしょう。日韓関係を改善することとは隣国との関係改善ということでそれだけで一定の価値がありますが、より大きくは日米韓の絆を再強化することにつながるという点でしょう。日韓関係の改善には日中関係の改善が効いていたことは明らかですので、日韓関係の改善によって今度は中国にプレッシャーがかかるという側面もあります。

日本外交にとって一番の課題である中国とどのように向き合うかという点において、日韓関係の改善は明確な好材料です。日韓関係を改善する一番の戦略的な意味は韓国を中国の側に過度に追いやらないことですから、そのための妥協ということであれば十分な大義があります。

二つ目の可能性は、内政上の目的をもった妥協であったという解釈です。安倍政権は、これまでも世論の雰囲気に巧みに対応してきました。安保法制の制定過程で右に寄りすぎたと思われたときには、首相の70年談話で中道に歩み寄り、支持率が回復基調にあるときには強硬策も押し通す。政策の微妙な立ち位置や言い回しを調整し、政策実施のタイミングもうまくコントロールしてきました。ずっと先延ばしにしてきた国会、そして参議院選挙を後ろに控え、言ってみれば、憲法改正を実現するための妥協ならば、そこに一定の意義はあるとの見方は可能でしょう。

三つ目の可能性は、統治のための妥協であるという解釈です。つまり、長期政権を目指す安倍政権が権力維持のために行ったものであるということです。政権にとって権力維持はもちろん重要です。総理がコロコロ入れ替わる不安定な政治を経験してきた日本国民はその思いを強くしており、安倍政権の高支持率を支える根本的な理由となっています。しかし、本来的には政権維持は手段であって目的ではないはずです。

慰安婦問題は人々の感情に訴える問題ではあるけれど、基本的には象徴性をめぐる問題でしかありません。そもそも70年以上前の過去に完結している事象の解釈をめぐる問題です。名誉を回復されるべき元慰安婦の方もご存命の方々はわずかです。したがって、基本的には誇りとプライドの問題であり、動員されなければならない国家資源も大きいものではありません。慰安婦問題にこだわってきたのは韓国ですから、相手にとって重要な問題に、一定程度誠実に対応することは悪いことではありませんが、その妥協に、血の滲むような苦しさはありません。

言い方を変えれば、日本はもっと大きな問題に直面しているということです。追い詰められていると言っても良いかもしれません。経済は失速寸前でアベノミクスの勢いは消えつつあります。時間稼ぎをしている間に進めておくべき抜本的な経済改革は、実は、あまり進んでいません。日本の発展を支えてきた外交上の外部構造も崩壊しつつあります。

繰り返しますが、今回の合意は正しい方向だと思っています。そのやり方も、ある意味あっぱれです。支持率も上がるでしょう。他方で、本格政権には成し遂げるべきことの期待値も上昇するという代償があります。今回の合意に至る妥協は何のためのものだったのか、この支持率を何に使うのか。それが単に統治のためということでないと思いたい。そんな疑念が湧いてくるのです。

取り残された沖縄の問題

（2015年4月5日）

沖縄における基地問題が袋小路に入り込んでしまっています。世界一危険とされ、20年来の課題である普天間飛行場移設の選択肢は辺野古以外にはないとする政府と、あたらしい基地を沖縄に作らせないという公約で当選した知事が真っ向から対立しているのです。当事者同士の会う・会わないの騒動からようやく一歩踏み出し、菅義偉《すがよしひで》官房長官と翁長雄志《おながたけし》沖縄県知事の会談が行われましたが、双方が互いの主張を繰り返したのみで実質的な進展はなかったようです。着地点が見えない状況は、日本の安全保障や、中央と地方のあり方にも多くの課題を投げかけています。

着地点が見えないまま事態が進展する中で、しかし、興味深い動きが出てきました。そもそも、沖縄に米国の軍、海兵隊がいることによる抑止力をどのように捉えるかという本質的な点についてです。これは、日本の安全保障論議においては健全な変化です。同時に、日本の安全保障政策にとっては、重大な潮目の転換を現しているのではないでしょうか。

元来、安全保障上の抑止力というのは難しい概念です。抑止力を第一に支えるのがハードな軍事力であるのは間違いありません。しかし、抑止力には軍事力にとどまらないソフトな要素がふんだんに含まれているものです。それは、例えば、国民の防衛意思であったり、同盟国間の信頼関係であったりするのです。

例えば、第二次大戦後、イギリスがかつての帝国から徐々に撤退していくなかで、辺境にある英領の防衛を実質的に放棄していきました。そして、抑止力が低下したと解釈したからこそアルゼンチンの軍政はフォークランド諸島を攻撃し、1982年のフォークランド戦争に至ったと理解されています。また、こちらは異なる解釈が優勢になりつつありますが、北朝鮮の侵攻によって始まった朝鮮戦争のきっかけは、米国の国務長官が韓国防衛を軽視しているとも受け取られかねない発言をしたからだとも言われていました。いずれにせよ、抑止力というものは高度に政治性を含み、科学とアートの双方を含んだ概念であることがわかると思います。

翻《ひるがえ》って、日本の安全保障と日米同盟が提供する抑止力について考えてみましょう。日本の安全保障は、第二次世界大戦後はじめて実質的な変革期を迎えています。

これまでも状況の変化は何度もありました。1950年時点以来の冷戦期において、米国の軍事力や同盟へのコミットメントも揺るぎないものがありました。ソ連が拡張的な政策を取った折も、中国が核武装した折も、日本では一部のプロが騒いだだけで、大きな安全保障政策の転換は行われませんでした。冷戦終結後、同盟が「漂流」したと思われた時期もあったけれど、当時の橋本総理とクリントン大統領の間で合意がなされ、日米同盟が日本の抑止力の根幹であり続けることが確認されました。

言うまでもなく、日本の安全保障をめぐる環境は大きく変化しました。北朝鮮は核保有国となりました。中国は経済成長の果実を軍事力の強化に結び付けています。従来からの変化がもっとも大きいのは、西太平洋に広く展開可能な外洋艦隊の存在、宇宙やサイバーなどの新しい戦場における一定の戦力の確保です。実は、宇宙やサイバーの領域においては抑止を想定するのが難しいのです。各国の軍事研究では、艦艇戦や航空戦に関する知見は積み上げられているのですが、新しい分野ではある程度の能力を持った軍隊同士の戦闘が行われたことがないため、こうした蓄積がありません。

東アジアで何らかの有事が発生したとき、中国の宇宙戦略やサイバー戦略が米軍に対してどのような影響を与えるかということについては、誰にも確証がないのです。宇宙戦略においては、米国の指揮の根幹であるＧＰＳをはじめとする衛星が狙われるとされます。それらの衛星群はどれほど防衛可能なのか、それらの損傷は部隊運用にどのような影響をもつのか、サイバー攻撃による混乱はどの程度深刻なのか、いずれも軍事的には難問です。政治的にも難しい問題を多く孕《はら》んでいます。通常兵器による戦闘と異なり、サイバー戦は隠された戦争であり、いつ、誰が攻撃を仕掛けたかはっきりしません。米国は、サイバー攻撃に対して通常兵器で反撃すると言っていますが、これが実際に可能なのかもわからないのです。軍事的に抑止の概念は不透明感を増しています。

しかし、最大の変化はアメリカという国における政治的な変化です。アメリカは帝国であると同時に民主主義の国家です。犠牲の多い不毛な中東の戦争に国力を消沈させ、自らの相対的な国力低下を見据え、内向き志向を加速させています。それは、オバマ政権の性質であるとされていますが、おそらくは中長期的な民主・共和双方に共通する趨勢《すうせい》となっていくことでしょう。米国の東アジア戦力の根幹とされるエア・シー・バトルについても、空海軍力の機動性が強調されていますが、その本質はもはや陸軍を前方に張り付ける形のリスクはとれないということです。陸軍を前方に張り付けることは、米軍への攻撃を誘発し、いやおうなく米軍を戦争に巻き込んでいくからです。

この流れは歴史の奇妙な展開の上に成立しました。2001年当時、8年ぶりにホワイトハウスを奪還した共和党のブッシュ政権は、中国を戦略的競争相手と呼び対立を厭わない姿勢を強めていました。海南島での米中両国の航空機の接触事件が発生し、両国には緊張が走ります。この事件は、エスカレーションを望まない両国の実務者によってうまく対処されますが、冷戦後の世界情勢の対立構図を浮き彫りにしました。

その構図を一変させたのが、それから数カ月後に発生した9・11事件です。この瞬間をもってテロとの戦いがアメリカにとっての主戦場になりました。21世紀の世界にとっても、東アジアの安全保障にとっても決定的な瞬間であったことがわかると思います。

話を沖縄に戻しましょう。従来の理解は、東アジアの安全保障環境は不安定化しており、在沖縄の米軍や海兵隊を削減することは抑止力の観点から望ましくない、というものでした。この問題は当然、日米双方が関心を持つ問題であるのですが、沖縄の海兵隊を抑止力と結び付けて絶対視する考え方は日本政府のほうに強かったのです。なぜなら、基地批判の立場が基地の価値を度外視する立場に偏っていたからです。本来沖縄の基地問題は、抑止力と住民負担をどこでバランスさせるかという課題なのですが、日本では長らく抑止力の問題が正面から語られなかった。結果として、基地負担は小さければ小さいほうがいいという言説が成り立ってしまう。これに対し、安全保障政策に責任を持つ政府関係者は、どうしても抑止力を固定化された絶対のものとせざるを得なくなったのです。

米国内での変化

現在、その主張の根拠が少しずつ掘り崩され始めています。米国内において、普天間基地の辺野古移設には、従来から疑問が投げかけられていました。海兵隊の移設や新基地建設には多額の費用が必要とされ、予算の制約に直面する米軍関係者から疑問が呈され、嘉手納基地への統合や多国間でのローテーション駐留も検討されていました。そして、民主党政権時代に最低でも県外と言って沖縄住民の期待を高めた日本政府に混乱の大きな責任があるために、安全保障を重視する現政権には、これが「唯一の選択肢」となるのです。

日本側の混乱を見かねて、米国の関係者からも辺野古の新基地建設と海兵隊の沖縄駐留を絶対視しない発言が続いています。当初は、一部の学者などの周辺的な存在から発せられた意見は、長らく米国の東アジア戦略や日米関係への発言を続けてきたジョセフ・ナイ（ハーバード大教授）や、2015年から上院軍事委員会委員長に就任したマケイン上院議員のような米国のキーマンからも出てきています。いま現在でこそ、日本政府案がマケイン軍事委員会委員長にも支持されていますが、マケイン上院議員の2012年時の対アジア政策全体に関するスピーチを見る限り、彼の持っている大局観が分かります。また、このような米国側の変化を受け、日本側のキーマン達も発言を変化させつつあります。

日本の実務家は、冷戦後の米軍の縮小にも、基地問題にも深く関わってきており、政治的に高度な要請がある場合には軍の戦術的な要請は曲げられるということを良くわかっています。米軍のプレゼンスを維持しながら同盟国との間の現実的な落としどころを探っているのです。ワシントンのもっと政治化された勢力の中には、米軍の東アジアでの前方展開事態に懐疑的で、予算削減にしか関心がない勢力も存在します。日米関係は、多くの国民と有識者が思う以上に、日米双方において脆弱化しつつある政治的合意の上に成り立っているのです。これから、10〜20年して振り返ったとき、あれが米軍撤退の始まりだった、と思われる日は案外近いかもしれません。

日本の安全保障の根幹に日米同盟が存在することは間違いありません。そして、日米同盟の礎は日米国民相互の信頼関係にあります。これを未来永劫絶対視することはできないけれど、現実に合わなくなりつつある拘《こだわ》りを掲げ続けることがプラスに働くとは思えません。安全保障を重視し、日米関係を重視し、国民から3分の2の議席を託された現政権であるからこそ、これまでの経緯を離れた大胆な政策を打ち出してほしいのですが。

どうして9条を変えなくてはならないのか

戦後レジームを象徴するのが日本国憲法。そこで、ここからは憲法改正をめぐる動きについて取り上げたいと思います。

２０１８年3月に自民党憲法改正推進本部（細田博之本部長）による叩き台が出され、改正案の輪郭はだんだんと見えてきました。叩き台草案の中身は、9条をすべて維持したうえで、9条の2を設け、第1項に「実力組織として、法律の定めるところにより、内閣の首長たる内閣総理大臣を最高の指揮監督者とする自衛隊を保持する」とし、第2項に「自衛隊の行動は、法律の定めるところにより、国会の承認その他の統制に服する」と定めるものでした。9条2項が削除されなかったことは残念に思いますが、9条の2第2項（案）に自衛隊の行動が国会の承認その他の統制に服するという文言が入ったのは、一つ大きな進歩でした。今後は、より細部の議論を詰めていくことが重要になってくるでしょう。

２０１7年からの流れで、結果として見えてきたことが二つあると思っています。

一つは、自民党の２０１２年改憲草案に代表される復古主義的な改正案が否定されたこと。そもそも、個人主義を否定的に捉え、「家族は助け合わなければならない」という、道徳と法の混同が見られる改正案は早期に否定されるべきものでした。

もう一つは、現在の野党は全てではありませんが、現状維持を目指しているに過ぎないのではないかという疑いです。立憲民主党の枝野幸男氏は、メディアでは自分は護憲ではないと言いながら、支持者に向けては9条には絶対に手を触れさせないと言う。安倍政権が掲げる、考えうる限りもっとも抑制的な改正案——何せ、公明党に忖度してつくられたものですから——にさえ取り合おうとしない。

日本のリベラルが、世界標準でのリベラルとは関係なく独自の変化を遂げてしまった存在であることは、これまでも指摘されてきたことです。論者や政治家、ジャーナリスト一人一人を見れば違っても、政治勢力となった瞬間に、自由な発想ができなくなる傾向にある。自らの支持基盤の求心力を維持することにのみ心を砕いていると、憲法と自衛隊という現実の間に存在する矛盾にも、近代国家として有するべきシビリアン・コントロールの仕組みにも関心が薄いことを露呈してしまうことになるのです。

憲法改正の具体的な方向性については、私はこれまでにいくつかの媒体や場で提案を行ってきました。憲法改正は、さまざまな項目が検討されてきたことは確かですが、やはりその論議の本質は9条と言うべきでしょう。その考え方全体がまとまっているのが、「9条改正が避けられない理由」です。

また自民党の9条改正の叩き台草案では、自衛隊が内閣だけでなく国会その他の（民主的）統制に服することが記されていました。そもそも、なぜ国会の統制などに着目すべきなのか、過去の論考を振り返りながら示していきたいと思います。そして、なぜ9条の改正が不可避なのかを論じたいと思います。

9条改正が避けられない理由

（WEBRONZA　2017年11月22日）

憲法改正の最大の論点は、9条にあります。なぜかと言うと、自衛隊を保有し戦力を少しずつ増強している中で、2項の「陸海空軍その他の戦力は、これを保持しない」という規定が現実と著しく乖離してしまっているからです。自衛隊を災害出動に限定し、軍事的装備をすべてなくしてしまえば、名実ともに「戦力以下」の存在になると言えるでしょう。しかし、国民がそれを望んでいる気配はほぼありません。また、最高裁の立場からすれば、現在の自衛隊がこれからどれだけ軍備を増強したとしても、違憲であると判断するのは難しいでしょう。それは国民を守る義務を担う、政府の「統治行為」に踏み込むことになるからです。

第一次世界大戦以後、大戦争をはじめた側の敗者は攻撃国家（aggressive state）とみなされるようになりました。そうした国の軍は解体され、再軍備もしばらく制限されます。日本も敗戦して軍を解体されました。その意味で、9条2項は典型的な敗戦国条項です。20世紀の大戦争から私たちが学んだ教訓は何だったか。ドイツは第一次世界大戦に敗れ、領土を減らされ、軍備を制限され、高額な賠償金を課された結果、世界的な大恐慌の不安と相まってナチズムが勃興しました。領土を奪われた国家は、自由になると「失地回復」と拡張に走りがちです。

　国家主権の平等を前提とすれば、再軍備を永遠に禁ずることは不可能です。そもそも、特定の国だけが攻撃国家であるという前提がおかしいのです。現に、中国は共産党大会で、「失地回復」の可能性を匂わせる演説を、習近平国家主席が行っています。中国が半植民地化され、あるいは侵略された過去に対する「失地回復」の範囲はどこまで及ぶのか、現状の国際社会の安定を崩すものとして不安を呼び起こしています。

　こうした歴史を踏まえれば、日本における9条改正の最も重要なポイントは、「再軍備した日本は引き続き平和国家である」ことを内外に保証する点にあります。戦後72年も経てその点を強調しなければならないことにはいささか時代遅れの感もありますが。英エコノミスト誌が、日本の憲法改正に際して韓国や中国の反発を気にする必要はなく、世界の平和のために必要だと明言したのは注目すべき変化です。日本の憲法改正を平和への懸念材料とする発想が、欧米のエスタブリッシュメントから消え去りつつあるからです。

　要は、世界が気にすることも、日本国内の議論がフォーカスすべきことも、憲法改正を経て再軍備路線を明文化した日本が平和国家であり続けるための、具体的な条文や仕組みについてなのです。

憲法9条を論じる人びとの自意識に欠けているもの

9条2項の削除は国内的にある種の微妙さを含んでいます。なぜか。保守政権をよしとしないで来た革新勢力にとって、9条はナショナリズムの代替物であったからです。

イマニュエル・カント『永遠平和のために』は、具体的な提言の一つに常備軍の廃止を含んでいます。君主国が相争う当時のヨーロッパを目の当たりにして、カントは侵略戦争を可能とする手段（常備軍、戦時国債）を君主から奪い、国際法を形成し、各国が代議制民主主義（本では共和政）へ転換し、外交官やビジネスマンの相互交流を保証することが永久平和を達成すると考えました。

日本の平和思想の多くが、カントの思想を下敷きに憲法9条がその実現に向けた嚆矢たることを謳っています。その立場からは、自衛隊の認知ではなく軍縮こそが望ましく、条文に合わせて現実を変えるべき、との立場になるのでしょう。

先に、革新勢力にとって憲法9条はナショナリズムの代替物であるとしましたが、別の言い方をすれば、大戦争を引き起こした大日本帝国の上層部や旧軍を憎むとともに、戦後米国に支えられてきた一党優位体制の保守政権をも憎む彼らにとって、9条こそが自意識を支える最大の拠り所であったということです。

しかし、ここには弱さがあります。日本国憲法の起草者がほかならぬ占領軍であるという事実によって、憲法の起草者の意図という、各国で憲法論議をする際に立ち戻るべき地点が、あいまいになっているからです。日本の憲法を解釈するにあたって、ジェファソンの思想を引用するわけにもいかない。現に、9条2項に含まれる交戦権の否定の解釈をめぐっては、当時のアメリカの国際法学者の考え方に基づき、「無差別戦争観」(戦争に正も不正もないとする十八世紀スイスのエメリッヒ・ヴァッテルの立場。そこでは自衛戦争かどうかは問わない)の否定と読み解いた方がよいにもかかわらず、その解釈は一部の学者が主張するのみで(篠田英朗)、最高裁によっても政府によっても採られてはいません。

憲法の起草者の意図が外国の占領軍の意図である、という歪みは、日本の左右双方の意識を蝕んできました。

戦後一貫して自衛隊を違憲としてきた社会党は、1990年代半ば、自社さ連立政権で首相になった村山富市委員長のもと、自衛隊を合憲だと認めます。この瞬間、自衛隊の政治的認知は完成したけれども、憲法典から離れて、軍を持つに至ったという自意識は醸成されることのないまま、今日に至っています。

今回、安倍総理が自衛隊の合憲性を明記する9条3項加憲を打ち出したのは、自衛隊の存在を特定の政権を超えて憲法に認知させようという意図によるものです。それは、村山元総理が踏み出した「自衛隊合憲宣言」の延長線上にあり、常備軍の廃止へ向かうことは見通せる将来ありえないという日本政府の立場を、国民的合意にしようというものです。

とすれば、2項を削除しないのは、一見不可解な態度に見えます。もちろん、すぐに思い浮かぶのは、公明党がそれを頑強に拒んでいるという政治的理由ですが、おそらくそれだけではありません。

保守の安倍総理がそこまで革新に歩み寄ってでも9条改正を目指すのはどうしてか。安倍自民党は、いわゆる「戦後レジーム」の幕が保守の手によって下ろされるという政治的象徴性を取りに行っているのではないでしょうか。

自衛隊を明記することで、自衛官を非倫理的な職業であると非難したり、自衛隊をなくせとデモをしたりすることがやりにくくなる。政権が狙うそうした心理的効果こそが、現実主義の勝利というかたちで「戦後レジーム」を終わらせるものなのかもしれない、と私は見ていて感じるのです。

もちろん、自衛官を適切に認知し、万が一犠牲になった場合には十分な慰霊をするのは、軍を持つ国としては当然のことです。それを怠ってきたという良心の呵責《かしやく》が、革新陣営の一部にも存在している。それは、常備軍廃止の条項を誇りにしながら、米軍に頼り、自衛隊に頼ってきたこととの矛盾への忸怩たる思いです。しかし、その忸怩たる思いを衝く3項加憲案は、盛り上がりに欠けます。それが具体的な変化を伴わず、十分に前向きでもないから。この国をどのように変えるのかという理想を語る要素が抜け落ちているからです。そこには、厳格な平和主義を緩めたという後ろめたさや、もはや特別な国だと思えないためらいもあるでしょう。長年抑圧されてきた自衛官を除けば、「どうせちょろっと書き込むだけでお茶を濁すんでしょ」というシニシズムもあるのかもしれません。

しかし、そうではない、と私は思っています。自衛隊を認知させることだけでも大きな意味があるという事実を踏まえたうえで、その一歩先に建設的な提言をしたいと思います。

シビリアン・コントロールに道を開く

私が提案したいのは、自衛隊保有を前提とした制度を整えるための議論を9条改正によって開くことです。9条改正の意義が戦後社会に存在する誤魔化しを排することにあるとすれば、2項を削除するのが理想的です。あるいは、残したとしても、自衛隊を明確に軍的なるものとして位置付けることが必要になります。軍的なるものを持つ以上、それをどのように統制していくかという議論が不可欠です。ただ、残念なことに戦前の歴史の研究に見るべき蓄積があるのを除けば、日本には政軍関係研究に携わる者はごく少数しか存在しません。

そもそも軍とは何なのか。市民社会内の治安維持にあたる警察に対し、外側の脅威から市民を守るための番犬です。古代ギリシャでは、プラトン『国家』のソクラテスの問答が位置付けたように、羊（国民）、羊飼い（政治家）、犬（軍）、狼（外敵）が観念されていました。最悪の羊飼いは、犬を使って羊を虐《いじ》める。悪い犬は、羊飼いに成り代わるべく羊飼いを襲い、羊を襲う。つまり、軍を使った暴政や、クーデター、軍人の無法者化をどのように避けるか、という観点から政軍関係の思想はスタートしたわけです。

先進国で古典的な政軍関係理論が成立したのは冷戦中です。米国では1940年代後半に国家安全保障法が成立、国防総省と長官による統制の組織図が定着しました。その後、冷戦初期の軍統制や戦略策定をめぐる行政府と立法府の綱引きを経て、1950年代から

1960年代初めにかけて出されたサミュエル・P・ハンチントンの一連の議論が、政軍関係の構造を考える上での基礎となりました。

ハンチントン理論は三つの柱からなります。一つ目は、政治と軍事の厳しい峻別です。ハンチントンは、軍のプロフェッショナリズムが確立すれば、身分制や固有の歴史などに頼らない客観的なシビリアン・コントロールにつながると主張しました。軍のプロフェッショナリズムとは、専門性を対外的な安全保障に置き、責任感をそれのみに向ける、政争に絡まず、団体内の所属・結束意識が高く、組織内統制も利いている状態のこと。一方、政治の側は保守主義（≠抑制主義）をとり軍事に徒に介入せず、専門家の判断を尊重し、無駄な戦争に走るべきでないという指針も示されました。

二つ目は、政治が軍事を統制する際に、どのような組織形態を採用すべきかというもの。ハンチントンは、行政府内での政治と軍の関係は、「均衡型」であるべきだと主張しました。政治任用の高官を含めた文官たちが日常的な軍政を決める際には軍人と対等に競争的に政策立案する。他方、軍令に関しては大統領に対して軍のラインから助言を行うが、それが国防長官室（OSD）にスタッフを大量に抱えた国防長官からの政治ラインでの助言と並行して進言されるべきというものです。さらにこの理想形とは異なる形として、政治が軍と峻別されずに一直線にラインが通った軍事政権に見られる「垂直型」、大統領が軍事に直接介入し、軍のトップも政治に巻き込まれるような「同格型」も例示されました。

三つ目の柱は、立法府と行政府の関係では、相互に別個に軍に対してアクセスがあるべきという議論です。大統領制をとるため、あらかじめ議会の関与を保証しておこうという考え方をとるのが米国の特徴です。弾劾を除き、大統領をやめさせる権限を議会は持たないからです。それゆえ、合衆国憲法では常備軍の設置と陣容に関して議会に大きな権限を与えました。また1973年に制定された戦争権限法によって、開戦に当たっては事前に議会に対する説明努力を課し、あるいは事後に報告して承認を受けるなどの議会の権限強化を図りました。

それだけではありません。大きな戦略計画の変更が行われる際には、連邦議会が監視の目を光らせます。議会は、軍人を委員会に招致して証言させることで、行政府とは別に軍事情報へのアクセス権を持ちます。ハンチントンは主著に続く論文で、このしばしば政治化しやすいプロセスを肯定します。シビリアン・コントロールを高めるためには、実際軍人を政治闘争に巻き込んでしまうことも多いとはいえ、立法府による軍関与が欠かせないと結論付けたからです。

ハンチントン理論は、国家安全保障法をはじめとしたシビリアン・コントロールと安全保障の確保のための米国の努力に理論的支柱を提供しました。西側諸国はそのような政策を模倣し、踏襲してきました。ハンチントンへの学術的な反論の多くは、こうした制度的な提言に対する反論ではありませんでした。民主主義国に至っていない途上国のクーデター研究を続けてきた人たちからの、それだけでは途上国におけるクーデターを防げない、とする議論であったり、あるいは軍の民主化のために市民社会の関与を増やすべきといった反論でした。

では、それぞれの点について日本の現状はどうか、考えてみましょう。

一本目の柱に関しては、自衛隊の孤立とも相まってきちんと政治と軍事が分断されていると言えるでしょう。ただ、政治家の抑制主義に関しては議論も進んでおらず、未知数です。軍こそが危険な存在なのだという言説が主流であった結果として、政治家がこの問題にきちんと向き合ってこなかったことがその大きな原因です。「素人がコントロールする、これが本当のシビリアン・コントロール」(一川保夫元防衛相)という迷言は象徴的です。

二本目の柱に関しては、日本は長年文官優位システムなるものを取ってきたことにより、垂直型の統制をとっていました。その結果、首相、防衛相は国会答弁しますが、答弁作成にあたり「伝言ゲーム」のごとき状況が生まれました。これは、制服組との間に何人の官僚を挟むかによって「歯止め」の強さを担保する、という間違った考え方が浸透したせいです。警察の場合は職務の範囲が限定されていて、文官と武官とに分かれておらず、垂直型の統制を施すことで事足りるのですが、自衛隊はそうはいきません。大臣が直接に制服組から意見を聞くことなく、伝言ゲーム型の意思疎通に頼ることによって、国会が得られる情報も限定され、的確さを欠きます。会社組織ならば、次の日からすべての組織を垂直型にしましょうという決断を下すことが、いかに愚かしいことか、よくわかるはずです。

三本目の柱に関しては、ほぼ何も実現できていないに等しい。国会は自衛官にアクセスを持ちません。長年の慣習で、自衛官は国会に出向いて答弁しないからです。強いて言えば、法律事項として武力攻撃事態などの際に、国会の承認が設けられている程度です。

要は、日本においては第二次世界大戦後、多くの国が民主化する中で行ってきた議論や立法、組織改正がほぼ検討されていないに等しいのです。それはひとえに、軍を持っているという事実を否定してきたからに他なりません。

90年代以降の米国では、嫌がる軍を無理やり戦争に送り込む事象が頻発するようになって、二つの陣営に分かれたシビリアン・コントロールをめぐる議論が盛んになりました。

一方の陣営は、軍が嫌がる戦争も異論を排して遂行させるべく、さらに政治支配を強化しようと考えました。もう一方の陣営は、国益の観点から無駄な戦争を減らすべく、安全保障に関する軍の助言をもっと政治家は聞き入れるべきだと考えました。私のいままで行ってきた研究は、どちらかといえばアメリカでは劣勢にある後者の系譜に位置付けられます。

しかし、日本においてそうした先端の知見を前提に議論しようとしても空しいところがあります。日本は軍を持っていることさえ自ら認めていないのですから。民主化後の先進各国の取り組みをまず最低限なぞっていかなければ、シビリアン・コントロールの議論の入り口にすら到達しないのです。

憲法改正を通じて実現すべきこと

9条改正を行うにあたって、政軍関係の観点から実現すべきことは以下の3点です。（1）シビリアン・コントロールの大原則を確立すること。（2）国会によるコントロールを明記すること。（3）自衛隊における均衡型のシビリアン・コントロールを確立すること。順にみていきましょう。

第一のシビリアン・コントロールの確立で、一番わかりやすい方策は、最高指揮権が内閣総理大臣にあると明確に位置づけることです。現行憲法は66条2項で内閣は文民で組織すると定めていますから、9条3項に自衛隊を明記する際に、最高指揮権を内閣総理大臣に持たせれば事足ります。しかし、シビリアン・コントロールとは何も行政府による統制だけを指すのではありません。国会によるそれも明確にする必要があります。

第二の点の具体的な方策として、まず、自衛権を発動する場合の開戦の承認権限を国会に付与することが挙げられます。議院内閣制のもとで、国会は内閣総理大臣の不信任を決議できますが、あえて国会による開戦の承認権限を憲法に明記することによって、国運を左右しかねない戦争を民主的にコントロールすることが可能になります。

また、自衛隊の不祥事があったり犠牲の多い作戦命令が明らかになったりした場合には、調査委員会を設置し、専門家を活用して調査する権限を国会に持たせることも検討すべきです。米国がかつて植民地支配を試みたフィリピンでの大虐殺問題を世論に明らかにしたのは上院の特別調査委員会ですし、ドイツ基本法には防衛委員会の4分の1の委員による申し立てで調査を行う調査委員会の権限が明記されています。

制服組からの知見を政府与党に独占させず、情報を得やすくするため、国会が独自に制服組と触れ合う機会も重要です。そのため、慣習上避けられている制服組による国会答弁を行う慣行を設けることは有用でしょう。それが国会議員による日常的な安全保障政策に対する監視活動の能力とやる気を高めることにもつながるはずです。

最後に、第三の点についてですが、先述したように、自衛隊は警察のような垂直型組織として発展してきました。文官優位システムの見直しをもってしても、国民や議員の意識は変わっていません。垂直型は、革命軍から発した国家や軍事政権では構わないのでしょうが、民主国家たるもの、やはり均衡型に移行すべきです。内閣に対して、軍政と軍令双方から的確な情報が与えられることが、結果的にシビリアン・コントロールを高めるからです。

以上を踏まえたうえで、実際の憲法改正にあたって気を付けなければならない点を最後に述べておきたいと思います。それは、憲法事項、法律事項、慣行の峻別です。

内閣総理大臣の最高指揮権や、自衛隊を軍事組織として位置付けることは、明白に憲法事項です。なぜ他省庁の組織とは異なり自衛隊だけが特別に明記されるのかと問われれば、それは「軍」だから、としか言いようがありません。制服組と背広組の峻別は、「軍人」かどうかです。誰も、国土交通省の技官に特別な統制を施そうとは考えません。軍は軍であるがゆえにシビリアン・コントロールを受け、かつ政治による濫用を避けるべき対象となるのです。

また、国家による開戦権は、現行では法律事項となっていますが、本来は憲法として規定すべき重要な国の制度の骨格です。調査権限もその重要性から言えば、憲法事項とした方が良いでしょう。軍事法廷の設置に関しては、普通に考えれば特別裁判所を禁じている憲法上の規定に反します。改正を検討するのも良いでしょうが、最終的な結審を最高裁とすれば、改正せずとも設置は可能です。

法律改正で済ませるべき事項は、現行の予算制度の不備を補うような、予算や装備に対する国会の特別の権能や、自衛隊の権能の範囲の規定、軍事法廷や軍規、交戦規定に関する事項の整備です。

慣習として確立するのがふさわしい事項もあります。それは、国会において慣習上しないことになっている制服組の答弁を可能にすることであったり、国会での秘密会を通じた安保論議の活発化、および、軍人への慰霊の制度化などがそれにあたります。

このように詳細かつきちんと腑分けした議論を通じてはじめて、軍を持っているということの意味と真摯に向き合いつつ、シビリアン・コントロールを確立していくことができます。そして本来、こうしたシビリアン・コントロール重視、国会重視の提案はリベラルから提出されるべきではないでしょうか。極端な憲法の「政治化」から脱却し、立憲主義を守るためには、現実から目をそらさずに不断に制度の見直しを行い、保守リベラルがともに議論を深めていくこと。初めての憲法改正に当たり最も必要なのは、そうした営みだと思います。

自民党の2012年版「憲法改正草案」について

（2015年5月4日）

言うまでもなく、憲法をめぐる問題は、戦後日本の政治対立を象徴する論点です。改憲、護憲、加憲、創憲などの政治的立場に色分けされた戦後日本ほど、憲法が政治対立の中心にあって国民を分断し続けてきた国はないでしょう。政治評論の世界でも、憲法はまさにイデオロギー対立の主戦場です。そして、衆議院で3分の2の議席を有し、2016年夏の参議院選挙でも3分の2の議席をうかがう与党によって（このあといわゆる「改憲勢力」は実際に3分の2を確保し、2017年の衆院選でも3分の2を維持します）、憲法改正は初めて現実的な政治カレンダーにのってきました。

私は憲法学者ではありません。その筋の議論は展開することもできないし、するつもりもありません。とはいえ憲法学者と対話ができないとは思いません。こちらから見た風景を述べることには一定の価値があると思います。私は、日本の憲法をめぐる議論自体に相当の違和感を持っています。あらゆる政治問題を憲法と結びつけて論じる思考方法が、日本の政治言論を貧困にしてきたと感じるからです。政治問題には、おのずから論者が拠って立つ立場というものがあります。それをいちいち憲法問題にする必要はない。憲法自体も抑制的であるべきだし、憲法論議も抑制的であるべきという立場です。

民主主義とは、国民相互がさまざまな立場をぶつけ合いながら妥協していくというプロセスそのものです。そこにおいて憲法というのは、お互い立場は違うかもしれないけれど、同じ国という器の中で隣り合って生きていかなければいけない者同士の最低限のルールというべきものです。それは、具体的には、政府のみならず多数決による民主主義そのものを縛るという原則であり、現行憲法においても自由主義や基本的人権という形で結晶化されています。この、最低限という部分が重要なのです。

さまざまな立場の人間が、それでも一緒に生きていくためのルールですから、最低限度を踏み越えた瞬間、無用の摩擦を生みます。個人に保障された自由は、他人の自由を侵害しないという意味での「公共の福祉」の他からは制約されるべきでないという発想です。憲法とは生き方を強制するために存在するのではなく、生き方を強制されないために存在するのですから。

憲法を通じて政治論議を展開することの一番の副作用は、憲法の無用の拡大を生むことです。政治には政治の空間が準備され、憲法には憲法の空間が保障されるからこそ、憲法が本当に守らなければいけない価値が守られるのです。多様な立場の者でも最低限合意できる原則を掲げることに意義があるとすると、そもそも憲法が論争の的になるという戦後日本の政治空間が不健全だと思います。歴史的な経緯のある話ですから、あまり乱暴なことを言ってもしょうがないのですが、この違和感は重要ではないでしょうか。

「言わぬが花」に反する「価値観」

原則論はこのくらいにして、現実的な改正論議の中心にある自民党の2012年改憲草案について見ていきましょう。ここでも、最初はあえて印象論を述べたいと思います。一言で言うと、気持ち悪いというのが率直なところです。これまで述べてきたとおり、最低限のラインを明らかに踏み越えているからです。改正案には、様々な価値観が入れ込まれていますが、この点が、改正案の最大の欠点です。入れ込まれている価値観の一つ一つには害のないものが多いのも事実でしょう。前文に掲げられた和を尊《たっと》ぶことも、第24条に掲げられた家族を尊重することにもなんら異存はありません。ただ、他人から、ましてや国家から尊重しろと押し付けられることには大いに異存があるわけです。この感覚が、自由を愛する者の感覚です。学者にせよ、実務の世界の方にせよ、報道などに関わる方にせよ、この感覚が共有できないと、正直、ちょっと暗澹《あんたん》たる気持ちになります。

私は絶対に和を尊びたくない、家族を尊重したくないという人は、実際には少ないでしょうから、もう少し論争的な点を取り上げると、第3条の国旗国歌の尊重義務というものがあります。私は、日の丸はシンプルでかわいいデザインだと思いますし、日が昇るデザインのコンセプトに込められた前向きな感情も気に入っています。しかし問題は、私の好き嫌いではないのです。近現代史を学んだ者であれば、日の丸が象徴するものに違和感を覚える方がいることは周知の事実でしょう。この、嫌がる方がいることを承知で、憲法に書き込むことで尊重させようという感覚が気持ち悪いのです。

この気持ち悪さは、同時に美しくないという審美眼の問題とも関係しています。何を美しいと感じるかは人それぞれですから、自由の問題とは次元が違いますが、私には、改正案の日本語が美しいとはとても思えません。憲法とは法的な文書ですから、独特の言い回しが必要なのはしょうがないことです。それでも、国民が共有するものとして憲法に美しさがあることは重要だと思います。

アメリカの小学生の多くは授業の中で憲法を暗唱しますし、フランスの小学生だって、自由を守るための最低限のルールという意味では憲法と同じくらい重要なナポレオン法典を「書き方」の授業のお手本にすると聞きます。それらの文章が美しい英語やフランス語のお手本であるからです。個別の条文はともかく、せめて前文くらいは美しい日本語で、無駄なく、リズム良く、格調高く書いてほしいものです。現行改正案の起草者をジェファソンになぞらえてもしょうがないのでしょうけれど、少し惨《みじ》めな気分になってしまいます。

最低限を超えた価値観を入れ込むべきではないという原則に反する自民党改正案は、ここでは、「言わぬが花」という日本文化のひとつの重要な原則にも反しているのです。12年版案成立時に自民党は野党であり、民主党への対抗から保守主義を前面に出すという立場をとった経緯があります。であるからこそ、改正案には日本の伝統や文化が色濃く反映されているはずなのですが、どうもそうとも思えない。憲法改正の意義の一つが、占領軍から押し付けられた英文翻訳調の表現を美しいやまとことばに書き換えるということであるならば、もう少しがんばらなければいけないでしょう。しかも、戦後日本での文明の洗練も反映しなければならない。戦前のそれなりに美的とされた忠君愛国の表現はいま見て美しい表現というわけではないからです。例えば手仕事や匠の技が尊ばれる回帰の動きにしても、それを取り上げたテレビや雑誌の画面に映るものには、撮影現場でのライティングや映像フィルターを通して誇張された象徴美があることは、すぐわかることです。従って、より都会的な感覚を持つ人々や若者世代から改憲草案に反発が寄せられるのは当然のことです。

もちろん、憲法に書き込むということに意味がある場合もあります。それは、国権の最高レベルで承認を与えるということであり、例えば、基本的人権の項目に障害者に関する記述を加えることは意義があるでしょう。この部分は、過去70年で国民の意識が随分と変化した部分です。憲法本来の政府を縛る、権力者を縛るという発想に立つならば、国家の財政的健全性を維持する、あるいは、世代間の平等を担保するための根拠付けになるような項目を入れ込むことにも一定の意味があると思います。

ただ、それが憲法を政争の具にするようなものであってはいけません。例えば、外国人参政権に関する方針を憲法に書き込んでしまおうという姿勢はいただけない。外国人の地方参政権という課題自体は様々な立場がある、論争的な政策です。論争がある問題を憲法に入れ込み、憲法を過度に政治化してしまうのは、民主主義の発想として健全でないということです。戦後の左派勢力は、安全保障の問題について憲法を盾にとって戦ってきました。結果として、安全保障の世界は法律論に席巻されて、本来行われるべき論争が行われず、この分野の日本の民主主義を歪めてきてしまった。戦後政治のそのような負の伝統を、今度は右の側から再生産するというのが良いことだとは思えません。

憲法改正の最大の目的は安全保障関連の項目であり、憲法9条が体現する平和主義の精神を継承しつつ、時代に合わなくなった部分を是正するということです。憲法のその他の部分は、完璧ではないにせよ戦後70年経って定着しており、まあ、そこそこうまくいっている。仮に、憲法9条だけを国民投票にかけると負けるかもしれないので、他の雑多な条文も加えて政治性を薄めようという意図があるとすると、さすがに姑息な印象を持ってしまいます。

かつての世代と比べ、私の世代には憲法は一言一句たりとも変えてはいけないと考える層は少なくなりました。私も、政治や安全保障を研究する者として改憲には意義があると思っています。理想を言えば、改憲は国民を分断するものではなくて統合するものであるべきです。その統合は、特定の価値観を押し付けるものではなくて、戦後70年の時代認識と、日本国民の歩みの中から沸きあがってくるコンセンサスを抑制的に反映するプロセスであるべきなのです。

憲法9条とリベラリズムの死

（2017年1月12日）

2017年9月の電撃解散を受けて衆議院選挙が公示され、本格的な選挙戦が始まっています。今般の選挙においては、リベラルという言葉が注目を集めています。直接のきっかけは、小池百合子都知事率いる希望の党への民進党の合流話が持ち上がったこと。希望の党は「保守」を標榜《ひょうぼう》し、小池氏もリベラル系議員の排除を表明しました。安保法制と憲法改正を軸とした「踏み絵」が課され、枝野氏をはじめとするリベラル系議員が立憲民主党を結成した展開は周知のとおりです。

ただ、小池氏や枝野氏が拘ったリベラルとはいったい何かという点は必ずしもはっきりしません。政治家も、メディアも随分乱暴な使い方をします。一般的にリベラルとは、自由と進歩を大切にする姿勢ということになるでしょう。もちろん、これだけでは政策的な傾向ははっきりしません。実際、諸外国を見ても、いわゆるリベラル政党の主張は多岐にわたっています。

リベラルにとっては自由が大切であると言っても、経済分野では自由よりも規制に傾く傾向があります。それは、自由経済はどうしても貧富の差を生んでしまい、弱者の実質的な自由を奪ってしまうことが多いから。結果として、大きな政府を通じて経済を統制するような方向に行ってしまう場合もあります。

本来は、リベラルは共産主義に代表される権威主義的な左翼とは明確に区別される存在なのですが、特に経済分野では両者に混同が生じやすいのです。

社会問題では、リベラルは多様性を重視します。いろんな立場の人の自由を認めるためには、結局多様性を重視するしかないからです。リベラリズムは、宗教、人種、性別、年齢、性的指向と多様性の幅を徐々に広げてきました。

ところが、多様性を広げることが具体的な予算措置を伴う場合には、既存の「生活者」との間で緊張関係が生じます。新に多様性を認めることが既存の利益配分に変更を迫る場合があるからです。結果として、リベラルが多様性の進展を遅らせる側にまわったこともありました。

このように、リベラルと言っても、国によって時代によって、政策には相当程度幅があるのが実態なのです。

日本のリベラリズムにも、当然特徴があります。小池氏が、リベラルに課した「踏み絵」が安保と憲法であったのは示唆的です。ある意味、日本型リベラルの核心には憲法9条があることを裏書きしていると言ってもいいでしょう。

9条信仰の内実

憲法9条の制定と受容の過程は戦後史の大きなテーマです。占領軍によって起草された日本国憲法は、帝国議会による議決という形をとって成立し、70年以上にわたって保持されてきました。日本国憲法が適正な手続きで制定され、民主的基盤を有するものであるのかは長らく論争の対象であり、そこには、いかにも日本的なあいまいさがあります。

当初、占領軍による日本の武装解除という意味合いが強かった9条は、しだいに「平和国家」としての日本のアイデンティティーの核となっていきます。私は、それは限りなくナショナリズムに近い感覚であったと思っています。日本のナショナリズムは敗戦によって根底から揺さぶられました。日本は(戦争という)悪いことをして、しかも負けた。街では、占領軍が偉そうに振る舞っている。自分の国を誇らしく思いたいという感情は行き場を無くしていました。

そんな精神状況を救ったのが、「日本こそが世界に誇る9条を戴《いただ》いた『平和国家』なのだ」というストーリーだったわけです。そうしたイメージは、戦後日本社会が自らのために作り上げたフィクションです。それは、自分たちは特別だと考える、しかも都合の良い論理のウルトラCなのですが、この欺瞞が70年以上にわたって、少なくない国民から支持されてきたのです。

戦後初期の日本にとって、9条には歴史的必然があったと思います。敗戦国が再軍備を制限されるのは、大戦争の後始末としてある程度やむを得ないことです。周辺国の猜疑心を和らげることで徐々に国際社会に復帰していくことができるわけですから。しかも、結果的に米国に守られ、戦争をしなかったことも良いことです。

問題は、憲法9条の存在によって日本人が平和や安全保障について考えなくなってしまったこと。9条は、それさえ言っていれば良い呪文のようなものになってしまいました。この欺瞞は、自衛隊を発足させたあたりから先鋭化しました。

平和について考えることは「しんどい」ことです。9条信仰が、そのしんどさと向き合わないための言い訳になってしまっています。

例えば、昨今の国民の一番の関心事は北朝鮮危機でしょう。北朝鮮は世界有数の人権蹂躪《じゅうりん》国家です。金正恩《キムジョンウン》は、自らの政権の幹部達を機関銃で蜂の巣にしたり、犬に襲わせたりするような残忍な独裁者です。国民に自由はなく、政治犯は強制労働収容所に送られます。国家によって、実質的には奴隷制や強制売春である行為が公然と行われるような国です。しかし、和平とは、そんな国との間でこそ取り結ばなければならないものなのです。和平が成立した暁には、そんな国に、経済援助と称して国民の血税を注ぎ込むことになるでしょう。和平とは、耐えがたきを耐えることです。それでも、核戦争よりは「まし」だからです。

日本型リベラルにとって、軍を持たない国と定めた9条2項と決別することは、自らのアイデンティティーを試されること。同時に、日本が国家として成熟し、平和と正面から向き合うために乗り越えるべきことだと思っています。

ジレンマを含んだ選択

9条を絶対視する考え方のもう一つの効果は、国内問題に潜む様々なジレンマと向き合うことを回避する手段となったことです。リベラルが全ての人の自由を達成し、社会の進歩を目指すにしても、その達成は一筋縄ではいきません。特に、国内の経済政策や社会政策には国民を分断しかねない断層があるからです。

リベラルにとって最も悩ましい断層の一つが、組織労働者と非正規労働者の間に横たわるもの。働く者の権利と福祉を増進する上で、労働運動はリベラリズムの強力な担い手です。労働運動が力を得るためには、労働者が組織されることが何より重要です。当然のことながら、労働組合は組織労働者の利益を最優先します。

ただ、この論理が強すぎた結果として、労働運動は非正規の増加にうまく対応できませんでした。最も弱い立場で働いている非正規の権利増進に対して、リベラルが非常に冷たいという時期が、長く続きました。

もう一つ重要だった断層が、働く女性と専業主婦の間のもの。より一般化すると、多様性と生活保守の間の断層と言い替えても良いかもしれません。女性の地位が向上し、多様な働き方が生まれて価値観も多様化していく中、リベラルは股裂き状態になっていきました。一方には、働く女性をはじめとする多様性を後押しする政策があり、予算措置も必要になる。他方には、専業主婦をはじめとする従来の価値観に基づく「生活者」の既得権がある。

例えば、リベラルは共働き家庭との比較において専業主婦を優遇する税制や年金制度について、終始あいまいな姿勢をとってきました。このような難しいジレンマと向き合うことを嫌ったのです。9条は、これらの断層をとりあえず踏み越え、リベラルを大同団結させる錦の御旗になっていきました。支持基盤が割れてしまうような面倒くさい論点は置いておいて、とりあえず「戦争反対!」、「9条守れ!」と唱えていれば済んだからです。

2017年の選挙において、希望の党は9条を含む改憲の側に立ちました。結果として、立憲民主、社民、共産の護憲を媒介とした結束が際立っています。選挙は国民の審判ですから結果についてはわかりませんが、改憲の発議を阻止するための衆院の3分の1の議席を獲得することは難しいでしょう。9条改憲は時代の趨勢として、早晩実現するでしょう。それは、日本社会の進歩にとって良いことです。

ただ、私が懸念するのは、日本型リベラルが9条信仰の道づれになって敗北することで、結果として日本からリベラリズムの火が消えてしまうこと。今後、より革新的な進歩的政策として、少数者の権利を保護しようとする機運が保守の側に生まれるとも考えづらい。日本がリベラリズムと真摯《しんし》に向き合ってこなかったツケを、将来世代が払うことになるのです。

アベノミクスを採点する

ここでは、安倍政権の「改革路線」の経済政策を振り返っていきたいと思います。

アベノミクスとは、金融政策と財政政策と構造改革のセットであるはずなので、本来であれば、個別の政策ごとに評価をすべきところでしょう。私は、アベノミクスのうちの金融政策はデフレ脱却に向けて評価できるが、その後に来るべき構造改革案件が存在しないことが問題だと繰り返し訴えてきました。期待が先行していた第三の矢については、そもそもやる気がないのではないかとの認識に到達しつつあります。

しかし、最近思うのは、このような個別の政策分野を取り出して論じることにはあまり意味がないのではないかということです。日本政治において経済問題を評価する枠組みがそもそもそのような発想に基づいていないから、という感覚です。有権者は個別の政策を評価するのではなく、あくまで「経済運営」の全体を評価しているのではないか。消費増税の有無や、予算の無駄使いというように、より注目される政策分野は存在しても、ものを言うのはあくまで経済運営の全体性であると。

ということで、ここでは個別の論点に入る前段階の、経済運営の骨子やその発想そのものを取り上げ、評価することとしたいと思います。

破綻するまで変われない日本の経済政策

（2016年5月31日）

経済政策の全体像について考えるという立場を取る際には、日本政治における経済政策のリテラシーの低さを指摘しないわけにはいきません。これは、各国の政治を比較して見ていれば明らかな日本政治の際立った特徴です。経済政策についての論争は、あっという間にその時々の細目の論点に矮小化されてしまいます。個別の政策が論じられる場合でも、政策の拠って立つ思想や前提ではなく、しばしば特定の組織との距離感を軸に議論が展開されるのです。

典型的な例が、財務省との距離感をめぐる言説です。旧大蔵省、現財務省が日本政治の中で特別な地位を与えられてきたことは事実です。財務省は、行政に大幅な裁量が残された日本政治における最エリートの集団として、財政規律という価値観を軸に国家の経営にあたってきました。強固な自律性と団体性をもち、徴税権力という執行権力までも傘下に持つ組織として、組織的なロビーイングを行ってきた唯一の存在と言っていいでしょう。

ただ、その存在感が大きいからといって、経済論争の構造を一組織との距離感で読み解くのは言い過ぎではないかと思うのです。

そもそも、日本政治において経済政策をめぐる骨太の議論が成立しない背景には、日本がたどってきた歴史があります。冷戦の初期には、共産主義の経済運営に一定の魅力が存在しました。日本を含む先進各国の保守政権は、統治の至上命題に赤化防止を置き、社会主義的な要素を次々と取り込んでいきました。そして、保守政党の経済分野での左傾化に最も成功したのが自民党です。自民党の「大きな政府」路線は、「お上」からの恩恵を期待する国民意識にも、予算増大を領土拡張的に捉える官僚組織の本能とも一致し、安定した日本の政治・社会モデルとなったのでした。

ただ、安定の対価は知的停滞でした。政治家や官僚から情報をもらってくる存在であるメディアは、政権が設定する論点をそのまま受け入れることがほとんどでした。調査報道とは、政権の失態やスキャンダルを暴くことを言うのであって、政権が拠って立つ論理構成や事実認識に挑戦するのは自分達の仕事ではないと言っているかのようでした。経済政策についての根本的な路線選択を迫る発想は、かろうじて日経新聞において存在するくらいでしょうか。現在でも、リベラル寄りとされる新聞が緊縮路線であったり、保守的とされる新聞が市場重視の改革に敵対的であったりと、かなりの混乱が見られます。数字に基づく全体像の議論はあまりなく、どうしても経緯論に偏りがちになってしまう。

自民党の左側に存在する野党勢力は、「大きな政府」の自民党よりも、「もっと大きな政府」を求めるという戦略を採用せざるを得ませんでした。国民全体に対しては弱者にやさしいというイメージを売り込みつつ、その実は自らの支持勢力に「分け前」を持ってくるという存在に自らを矮小化していったのです。結果、経済運営で自民党と差別化できず、経済の運営主体としての国民からの信頼感も育成されませんでした。この構造は、今に至るまで続いています。

この構造が一瞬だけ覆されたのが2009年の政権交代の前後においてです。小泉政権後の自民党政治は、必要な改革に手が付かず、年金をはじめとする福祉政策において失政を繰り返していました。民主党は、都市住民には「無駄使い」を止め、行政に規律を取り戻すという「小さな政府」的なメッセージを出し、農業従事者や年金受給者などには新たなバラマキを約束する「大きな政府」的なメッセージを発しました。権力を奪取するための小沢一郎氏主導のマキャベリズムは、その本質において矛盾を抱え込み、統治能力の稚拙さとあいまって空中分解したのでした。

経済政策リテラシーの低さを克服するには

経済政策リテラシーの低さとは、経済政策をめぐる最低限の共通言語と基本認識が存在していない状態のことを言います。経済リテラシーが低いと、政策論争が深まらず、事実に基づかない似非科学や暴論が許容される状態が持続してしまいます。

以下で試みる経済政策の整理は、まったくもって目新しいものではないと予《あらかじ》め断っておくべきでしょう。本来的には経済学者がやるべき仕事かもしれません。しかし、経済政策が政治のプロセスを経て決められていくもので、しかも、国民の関心も高い分野とすれば、政治的な言説としてこそ整理が必要とも思っています。整理の題材は、アベノミクスを構成する金融政策、財政政策、構造改革についてです。

金融政策とは、一言で言えば金融的な環境を整える政策です。その最も重要な要素が、金利を上下させる狭義の金融政策です。これは、結果的に市中に出回るお金の価値を決めるものですから、経済主体の投資や消費行動に影響を与えます。政策の目的は、金利にせよ為替にせよ、過度の乱高下を避け、成長に必要な条件を作り出すことです。アベノミクスにおける金融政策の目標は、日本経済の成長にとって最大の足かせとなっていたデフレを克服することでした。

金融政策が持っている政治的な特徴は、短期間で効果が期待できるということと、民主主義のプロセスを通じたチェック機能が甘いということです。アベノミクスの第一の矢は、為替や株価に対して短期間で大きな影響を与えました。日銀は政府からは独立して政策判断を行うことが建前となっていますから、総裁のリーダーシップがものを言います。日銀への民主的統制は、審議委員の国会承認という形で担保されてはいますが、国会が「ねじれ」状態にない限り政権にとってそれほど強い制約とはなりません。

他方で、金融政策は「環境を整える」政策であるという性質から、経済の成長性や競争力を根本的に変化させる政策ではありません。成長や競争の担い手は、民間の経済主体だからです。あくまで企業や家計などの民間の経済主体が活動しやすくするための政策であるという、抑制的な、サブ的な政策です。金融政策を重視することが正しい一方で、金融政策を万能視することは間違っているということです。

財政政策とは、自らも経済主体であるところの国の財政的な行動を通じて経済に働きかける政策です。一般的に財政政策という場合、国が何にお金を使うかという歳出側に注目が集まります。その際に、重要な視点は、国がどのくらいお金を使うかという量の議論と、国が何にお金を使うかという質の議論です。

もちろん、歳入側の議論も同様に重要です。特に、歳入の原資である税徴収のあり方は、民間の経済主体の富を強制的に収奪する国家の強い権能ですから影響も絶大です。国の債務のあり方は、世代間の富の分配に働きかける政策であり、金融的な環境にも影響を与える政策です。

政治的に、財政政策には民主的なチェックがより厳しく働く傾向があります。予算を審議するという確立されたプロセスが存在し、野党にとっての見せ場となっています。何より、財政政策は国民にとってわかりやすい。国が、何にどれだけお金を使っているかということはイメージしやすいし、ある政策が自分にとって損か得かということも認知しやすいからです。

財政政策は、経済主体としての国自らの活動ですから、国がコントロールしやすいという点も重要です。短期的に効果を出すことが可能な一方、経済全体に対する効果が持続しないという欠点があります。しかも、国の経済活動と結びつきが強い業界や企業を利する一方で、一般国民への影響は薄いという平等性の問題も大きい。近代国家にあって、経済主体としての国の役割を否定する者はいないでしょうが、その役割の大きさについては、やはり、抑制的であるべきという発想が健全だろうと思います。

構造改革とは、経済主体間の構造に働きかける政策です。資本主義経済の下では民間の経済主体間の関係性は自由競争に委ねられているというのが建前です。実際には、国が様々な規制を張り巡らせることによって事実上の影響を与えてきました。であるからこそ、成長や効率の妨げとなり、経済主体間の平等性に問題を生じさせている規制を変更することが重要となります。現状を変えることに意味があることから、構造「改革」という変化を前提とした表現が用いられるのが一般的です。

政治的に、構造改革は国のコントロールが効きにくいという特徴があります。過去には、国の規制変更が民間主体の構造を通じて意図せざる結果を招くこともありましたし、効果が発揮されるまでに時間を要することもしばしばです。そもそも、構造改革が政策として効果を発揮するのは、民間の経済主体間での「競争」を促すからです。規制は緩和される場合も、強化される場合もありますが、重要なことは競争が強化されることです。しかし、戦後政治の伝統として競争には人気がない。しかも、競争は既得権者の利益を減らし、他者に分け与えるという傾向がありますから、必死の抵抗を招くことになります。

構造改革と似て非なるものとして、産業政策と言われる政策分野もあります。成長戦略という文脈において十把一絡げに論じられることもありますが、区別されるべきです。厳密な定義はないのですが、乱暴に言うと特定の分野への投融資を促す政策です。国が投融資の直接の当事者である場合と、国が補助金、金利優遇、税優遇等のコストをかけて民間資金による投融資を促す場合とがあります。そういう意味では、広義には財政政策ですが、成長に重点をおいているという点に特徴があります。

産業政策は、政府が何に投資すべきかが明確で、経済がキャッチアップ局面にあるときには一定の効果を持つこともあります。が、それ以外の場合にはほとんど機能しません。経済を成長させるのは民間の主体であり、投融資はリスクを負って身銭を切るからこそ実を結ぶものです。そもそも、政府が競争に参加することで競争を歪め、経済の効率や成長性が全体として阻害されることすらあります。

自民一強が続く構造

経済政策の基本的な考え方と政治的な特性を長々と説明してきたのは、一定の共通言語なくしては、意味のある政策論議を展開できないからです。以上を踏まえて、各党の経済運営の全体像を見ていくと、自民党一強の政治状況を生む構造がよくわかります。

現在の安倍政権は、そのレトリックとは裏腹に自民党の伝統に忠実な現世利益型の政治に回帰しています。その特徴は、緩和的な金融政策、拡張的な財政政策、そして、構造改革への消極性です。上げ潮派や改革派と言われた方々も存在はするのですが、各国の保守政党と比較すれば、いずれもマイルドな範囲内です。官僚機構と二人三脚で政策を進めてきた結果として、すべての政策分野において漸進的であるのも特徴です。基本的に現状維持に軸足を置きながら、時々プラス・アルファの政策を混ぜてくるわけです。

民進党と共産党が考える経済運営の骨子が何であるのかははっきりしません。おそらく体系的な形では存在せず、しいて言えば、財政政策だけがあるようです。基本的な発想は、「もっと大きな政府」であり、福祉の充実であり、分配の強化ということです。予算における「無駄の排除」に熱心なのも、あくまで財政政策の範囲内の話です。金融政策については、アベノミクスを批判する一方で、タカ派なのかハト派なのかはっきりしません。構造改革については、概して競争回避的であるので、消極的に見えます。配慮する既得権益層が、自民党のそれとは微妙にずれているということはあるのでしょうが。

その他の野党にも体系的な経済政策と言えるものはないようです。おおさか維新の会は、小さな政府的な発想をするように見える瞬間もあるのですが、はっきりしません。そもそも、政党の歴史や規模が一定水準に達しておらず、党としての考え方というよりは何人かのリーダーやアドバイザーの意見の域を出ていないのかもしれません。

経済運営に関する基本的な考え方がはっきりしない段階では、政権に挑戦する権利さえないというのが実態でしょう。そもそも、国民は経済運営を託せる政党にしか政権を与えません。そして、自民党が政権にある限り、経済政策は現状維持プラス・アルファが続きます。それは、緩やかな衰退とも見え、危機のエネルギーが蓄積する過程とも見えます。高齢化と一票の格差の温存による都市部の軽視で、日本の投票者の平均年齢は60歳近くになっていますから、どうしても現状維持が心地よくなってしまう。結局のところ、この国は破綻するまでは変わらないのだと思います。

少子化対策のキモは「官民格差」にあり

（2016年5月23日）

国会の会期末が近づき、2016年7月の参議院選挙に向けて主要政党の候補者が出揃いつつあります。少子化対策をここで取り上げる理由は、人口問題が中長期的に日本の運命を一番大きく左右する問題だから、というだけでなく、与野党双方がこの問題を選挙の主戦場に持ってこようという意思を持っているように見えるからです。

与党が大勝した2014年の総選挙と異なり、日本経済の勢いに陰りが見える状況ではアベノミクス一本で押し切るというのには無理があります。それを見越していたのかどうかはわかりませんが、政府与党は、「一億総活躍社会」、「新・三本の矢」等のスローガンの柱として少子化対策を掲げています。対する野党も、民進党を中心に子育てや保育の政策が攻めどころと捉えているフシがある。「保育園落ちた、日本死ね」ブログを取り上げて名を挙げた山尾志桜里議員を、民主党と維新の党の合併直後の目玉人事として政調会長に抜擢したことはその明確な表れでしょう。

もちろん、今般の国政選挙には、消費増税の是非、アベノミクスの是非、安保法制の是非など多くの論点が存在します。改憲勢力が衆参で3分の2を想定しうる水準まで勢力を拡大し、憲法改正が初めて現実の政治日程に乗りつつあるというのも大きい。与党側の動きを受けて民共が協力し、部分的に共闘が実現しているというのも政治力学としては重要な展開です。

しかし、少子化対策は、与野党双方が選挙の主戦場として自ら設定し、与野党双方が自分たちこそが「勝てる」論点であると思っていそうなところが面白い。そして、与野党がガチンコで対立する論点であると同時に、与野党の特徴をよく表す論でもあると思っています。

少子化対策をとりまく政治的構造

少子化という課題そのものは新しいものではありません。合計特殊出生率が2・0を超えていた最後は第二次ベビーブーマー世代の終盤である1974年です。当時こそ、少子化を問題と捉える向きは少なかったものの、既に40年以上にわたって人口を維持する水準の出生率を達成できていないのです。ところが、政治的課題として大きく注目を集めたのは、ごく最近の出来事と言っていいでしょう。そのあたりを理解するためには少子化をめぐる政治構造を理解する必要があります。

まず、長らく少子化対策は「女性の問題」であると認識されていたということです。少子化対策として重視される、子育て環境の整備も、多様な家族のあり方の肯定も、男女を問わない労働環境の改善も、政治的には傍流のテーマでした。政治の担い手が圧倒的に中高年男性である政界においては、何十年にもわたって女性に子供を産ませるための頓珍漢な議論が続けられてきました。2005年に合計特殊出生率が1・26の最低を記録し、2007年に柳澤伯夫厚労相の「産む機械」発言が政治問題となったあたりから、ようやく政局に発展しうる重要問題と認識されるようになり、少子化担当相の専任ポストも生まれました。

少子化対策が進展してこなかった最大の要因は、政治における女性の地位が低かったからですが、「女性の問題」を推進する勢力が分断されていたという点も重要でした。当初重視された権利の平等を保障する選挙権の付与や、財産権の平等を定めた民法の改正が達成された後には、問題意識の分断が進んでいきました。ある者は、(弱い立場の)女性を保護する政策を重視し、ある者は女性の社会進出を促す政策を重視しました。現実の政治において最も重要であったのが、専業主婦と働く女性の間の分断でした。

福祉国家化を実現しつつあった日本は、税制や年金において大きな存在感を示しつつあった専業主婦層を優遇する政策を導入します。専業主婦優遇策は、働く女性や共働き世帯からの所得移転によって成り立つ、国家が特定のライフスタイルを優遇する政策であり、女性が労働市場に参入するインセンティブに影響を与える政策でした。しかし、同時に、それは専業主婦世帯にとっては権利であり、政治的にも侵すべからざる既得権でした。

少子化対策という文脈においては、政策がターゲットとすべき対象が不明瞭にされてしまいました。女性の活躍や、それを支える保育園の整備が言われるたびに、いまだに、「すべての女性が社会進出を望んでいるわけではない」、「専業主婦を前提とした政策を提示すべき」という、入り口論に政治的エネルギーを費消する結果となっているのです。少子化対策の柱となるべき、幼保一体化においても、離婚男性からの養育費の徴収強化においても、多様な家族を肯定することにおいても、女性の間の価値観や利害の分断が大きかったのです。

結果として、その後も少子化対策は冬の時代が続きます。少子化担当相は創設以来の8年間で16人を数え、平均在任期間は6カ月足らずです。しかも、お世辞にも大物が就くポストではない。初入閣の女性閣僚をにぎやかし程度に任命するか、複数の政策分野を束ねる閣僚が兼務するかという状況が続いてきました。何より、政策の中身がまったく進化してきませんでした。少子化対策は、先進国共通の課題ですから、欧米やシンガポールなどアジアの先進国に豊富に先行事例が存在します。効果を上げるための政策パッケージはほぼ出揃っているにもかかわらず、いまだに、十年一日の議論が続いているのです。

そんな状況に風穴を開けたのは、意外にも歴代の自民党政権の中でも、もっとも保守的と見られていた安倍内閣においてでした。安倍政権は少子化対策を「女性の問題」ではなく、「経済の問題」、あるいは「国家の問題」として定義することで、その位置づけを変えたのです。女性こそが、縮小する生産年齢人口を補うための労働力供給のフロンティアであり、国力の最重要の基盤である人口を維持するための肝であると。少子化対策が、初めて保守が飲めるロジックで展開されたのです。

「偏見残って国亡ぶ」

少子化対策が効果を発揮してこなかった本質には、偏見と利権があります。偏見とは、男性が社会で働き、女性は家庭を守ることで出産から子育てを一手に担うべきという価値観です。日本には思想信条の自由がありますから、個人がそのような価値観を持つことは咎められるべきではないけれど、国家が一定の価値観に基づいた政策を推進し、特定の集団を犠牲にし他の集団を優遇する政策は正しくないということです。

出生率が継続的に2・0を下回るということは、超長期的には、この国は亡ぶということです。保守が飲めるロジックということを強調する所以は、保守層に対して「偏見残って国亡ぶ」という状況を許容できるかという問いかけでもあるのです。偏見と闘うための政策は、偏見を体現する政策を一つ一つ乗り越えていくことであり、同時に、その根源に対処するための教育です。

以上の観点から、自民党の政策を評価すると、どうにも踏み込み不足と評価せざるを得ません。政権の目玉政策として発表された「一億総活躍プラン」は、お役所主導の典型的な官僚作文集に仕上がってしまっています。その中で、少子化対策と思しき部分には、保育士の待遇改善や、待機児童の数万人単位の受入拡大、特に待機児童が多い自治体との協力などが並んでいます。それぞれの政策は、やったらいいと思うものではあるけれど、政権の看板政策というにはさすがに迫力不足でしょう。少子化対策を阻害してきた偏見と闘うという意味では、腰が定まっていないのでしょう。

偏見と闘うという観点からは、「すべての子供に乳幼児教育の権利を保障する」くらいの宣言が必要でしょうし、政策がターゲットとすべき対象にワーキングマザーを置くということを明確にすべきです。その上で、「希望出生率1・8を実現する」と風呂敷を広げるならば、それぞれの政策が出生率に与える影響を予想し、現行の約1・4から1・8へとどのように積みあがっていくのかを示すべきでしょう。政府が、政権の看板政策に掲げるというのであれば、与党内の保守層や、違う方向を向いている自治体をも巻き込むような強烈な政策推進の仕組みが必要というものです。

文科省・厚労省の省益

少子化対策のもう一つの障壁が利権です。もっともわかりやすい形の利権は、公的な保育園や幼稚園の関係者が有している既得権益です。日本の幼児教育政策の根本的な欠陥は、教育とケアとの双方の要素が必要であるとの根本を理解せずに、文科省と厚労省の省益に基づいた分断を許容してきたことです。保育は「保育に欠ける」児童への福祉事業として国が社会主義的に供給体制を決定してきた結果、都市部では構造的に供給過小であり、何十年にもわたって待機児童が存在するという状況が続いています。それは、世界の半分を支配したソ連が、自国民が食べるパンを十分に生産できなかったのと同じ、計画経済というシステムの欠陥です。

過小供給の保育市場における認可の保育園は、公定価格でサービスを提供し、競争にもさらされず、消費者の厳しい目にもさらされません。あの手この手の理由をつけて供給の拡大を遅らせ、当然新規参入を嫌います。しかも、高コスト体質は改まらず、サービス水準も上がりません。既得権を反映して、公的な保育所の職員は、公務員として比較的恵まれた待遇で働きながら、まったく同じ仕事を担っている民間の保育士は生活するのがやっとという待遇にとどめ置かれているのです。

自治体側にも、供給を増やせば負担が増えるという構造があります。待機児童問題が存在しても、保育園増設を計画中であるとか、予想以上に子育て世代が増えたとか、悠長な言い訳をすればいいだけです。しかも、保育園に入所できるか否かは、お役人のさじ加減で決まってくるわけで、透明性は極めて低い。当然、落ちた人は「日本死ね」ということになってしまう状況があるわけです。逆説的に言えば、この社会主義的な保育サービスの供給体制を改めれば、待機児童問題の大半は早急に解消するのです。

具体的な流れはこうです。まずは、国が「すべての児童に幼児教育の権利」を保障します。その権利の対価として、すべての児童が保育サービスの購入に使えるバウチャーを配布し、親が自由に保育サービスを選べるようにする。同時に、認可や認証の保育所への補助金は受け入れる児童数に基づいて配分されるので、保育所間で適切な競争が生まれます。あらゆる形態の自由参入を認めることは言うまでもありません。保育は、国民にとっても最も重要な幼児教育を担う場所として、行政は安全基準や品質基準を厳しくチェックすることになるのは当然です。

待機児童問題をめぐる政党間の対立を見ると、あたかも保育士の待遇改善が最大の障壁のようなことになっていますが、それは半分しか当たっていません。問題の本質は、保育士の待遇の官民格差であり、それを支える社会主義的な保育サービスの供給システムにあるのです。であるからして、自民党と民進党が保育士の待遇改善を賃金の2％増と5万円増で争っているのはいかにもピントがずれています。

自民党は、利権を温存しながら小出しに状況の改善を目指し、民進党は利権を温存しながら大バラマキを目指しているようです。面白いのが、おおさか維新の会の改憲草案で、教育の機会を保障した上で「幼児期の教育」について無償としている点です。いきなり、政策が憲法草案という形で出てくるあたり、唐突感は否めませんが、もっともラディカルな主張ではあるでしょう。共産党は、偏見の撤廃には踏み込む反面、民進党に輪をかけて利権の温存を重視しているというところでしょうか。

　少子化対策を評価する上では、まずもって、これまで何十年と続いてきたお題目を繰り返しているだけなのか、本気なのかを見極める必要があります。政策を評価する際のポイントは、少子化対策の障壁となっていた偏見と利権に切り込んでいるかということです。まず、性別役割分業の偏見を温存していないか、政策が想定するターゲット像が明確となっているかに着目すべきでしょう。その上で、政策実現の阻害要因となっている利権への切り込みがなされているかを確認することが重要ということです。

加計問題　口利き政治と官僚支配

（2017年5月21日）

最近の日本政治において、にわかに教育の無償化ないしは投資増加が注目を集めるようになっています。2017年5月3日に発せられた安倍総理のビデオメッセージでは憲法改正のテーマとしても挙げられました。維新は独自の憲法改正案を発表していますし、課題となる財源について、民進党は子ども国債を、自民党若手はこども保険を提案しています。政府の経済運営の指針となる骨太の方針においても言及されるなど、永田町で一つの流行になっているようです。結果として、財源論や制度論の詳細ばかりが先行して、政策の根っこにある哲学について十分に国民的な合意が得られているとは言い難い状況なのではないか。私の第一の問題意識は、この点にあります。

思うに、教育の無償化に代表される投資増加策の根本にある発想は大きく二つでしょう。一つは、21世紀という時代が知識や情報が人々の生活に直結する時代であるということ。この時代には、教育にこそ投資をし、教育の機会をこそ均等にすることが国家の興隆にも、格差の是正にも最も効果があるという発想があります。この大きな時代認識は、おそらく正しい。現に主要国のほとんどが類似の発想と政策にたどり着いています。

もう一つは、少子高齢化社会の人口構造の下で、日本が高齢者の発想に引きずられた社会となっていることへの危機感でしょう。シルバー・デモクラシーにおいて圧倒的な多数派を形成している高齢層の有権者は、高齢者福祉の減額を許容しません。高齢化社会の弊害が叫ばれてすでに何十年も経っていますが、改革の必要性が叫ばれても、実際の改革はほとんど前に進まないわけです。

教育への投資増加を訴えるウラには、そんな膠着状態に風穴を開けたいという願望があり、それは正しい思いであると私も思います。ただ、結論から言うと、現在の日本の制度における、①義務教育以前の幼児教育、②義務教育以後の高校教育、③大学や大学院などの高等教育、のうち、①や②の無償化には賛成でも、③の無償化には反対というのが私の考えです。

まず、幼児教育や高校教育の無償化に賛成する論拠は、これらの段階の教育が事実上義務教育化していると言ってもいいからです。双方ともに国民への普及率は随分前から9割を超えています。9年間の無償の義務教育が導入された戦後直後と比較して、教育に対する研究も社会情勢も大きく変化しました。この変化を捉えて、義務教育を拡大することには大義があるでしょう。

今日では、幼児期は、教育への投資が最も成果を上げる時期であることがわかっています。幼いころに一定の集団生活を体験させて社会性を育てること。この時期の高い吸収率が念頭におかれた知育を受けることは、すべての子どもの権利であるべきと思っています。

同様に、複雑化する情報社会にあって、基礎教育と基礎教養を身につけること、いわゆる現代の「読み書き算盤」の習得には高校までかかるということにも一定の納得感があるでしょう。そもそも、国民の9割以上に普及している基礎的なサービスについて、親の経済的・文化的な理由から利用できないという不公平を是正することは福祉政策としても正当でしょう。

大学教育の無償化に反対する理由

では、何故に大学教育の無償化には反対なのか。理由は大きく三つあります。第一は、高卒で働く者との間の不公平を正当化できないからです。現在の日本の大学進学率は約5割です。これを高いと見るか低いと見るかは論者によって異なるでしょうが、現に、国民の半分しか大学には行っていません。そんな中で、大学教育を無償化することは、高校を卒業して働き納税もしている層から、大学へ通っている層へと所得移転することになります。子女が大学に通っているのは相対的には恵まれた層ですから、何とも頓珍漢で不公平なことではないでしょうか。

推進論者からは、大学教育を無償化することですべての人が大学に通えるようにしたいのだと反論があるかもしれません。この点については、すべての人が高等教育を受ける必要があるかという点に帰着します。少々乱暴に言ってしまえば、文系にせよ理系にせよ、大学教育の意義は、抽象思考を養うか専門教育を施すかのどちらかです。抽象思考とは、高校までに身につけたその時代なりの「読み書き算盤」というツールを使って考えるための訓練を行うことです。抽象思考を行う適性と必要があるのは、どれだけ社会が複雑化してもそれほど大きな割合ではありません。

専門教育については、果たして大学という形態によって担われるのが最適なのかという疑問があります。この辺りが、大学教育の無償化に反対な第二の理由とつながっています。21世紀は、確かに教育の重要性が高まっている時代です。ただ、専門教育については大学以外にも、企業内教育、生涯にわたって社会において行われる生涯教育や社会教育、労働者への教育として行われる職業訓練など多様なものを含みます。大切なのは、国民各層が自らの人生を豊かなものとするために、必要な時期に必要な教育を受けられることであり、大学教育に偏重して国家資源の投入を増やすことではないのです。

もちろん、投資を増やすには現在の日本の大学が多くの問題を抱えているという現状認識もあります。指標に多少のバイアスがかかっているにしても、世界的な競争力は右肩下がり、中高年の研究者には必ずしも競争原理が働かない中で若手研究者は不安定な身分の下で本筋の研究になかなか時間を割けない。研究の点からも教育の点からも、学問の足腰はどんどん弱くなっています。個別には改革の努力が行われているし、キラリと光る成功例もあるけれど、全体としては現状に利益を見出す教授会という互助会組織によって抜本的な改革の芽を摘まれていく。当の本人たちを含め、日本の大学教育の未来は明るいと胸を張って言える人はほとんどいないでしょう。問われているのは、そんな組織に、国民の血税から投資を増やしますかということです。

大学教育の無償化に反対する第三の理由は、不必要な国家による介入の拡大を招くからです。教育は、人にとっても社会にとっても不可欠の営みです。自由に思考し、行動できる市民を作るのは教育によってです。私から言わせると、そんな重要な分野は政府には任せておけないという感覚があります。教育への国費投入の増加は間違いなく、国家による介入と統制を伴うでしょう。現状においてさえ、文科省から大量のお役人さんが大学に天下っています。政府という仕組みは、議論にもイノベーションにも向かないのです。国費投入の拡大と、政府によるコントロールの強化は、大学から自由さも斬新さも奪う結果になるのではないでしょうか。

無用の規制が加計問題を生んだ

教育無償化の問題が、国会を賑わせている加計《かけ》学園問題と何の関係があるのか、疑問に思われるかもしれませんが、「教育分野における規制」という問題を通じてなのです。実は、教育分野における様々な規制は、規制国家、官僚国家日本を象徴する問題なのです。どういうことか。

加計学園問題は、獣医学部の新設をめぐって国家戦略特区という政策が導入される経緯で生じています。従来は、獣医学部の新設が認められてこなかった中で、ペットなどの獣医とは別に家畜などを専門とする獣医の不足が、口蹄疫や鳥インフルエンザ問題を通じて明らかになったと。それに対処する意味も込めて、獣医学部の新設が特区制度を媒介として検討される中で、総理が個人的な人間関係を背景として不適切な影響力を行使したのか否かというのが論点ということになっています。

本件が、野党が追及するように政治スキャンダルとして成立するためには、影響力行使の見返りとして贈収賄や「あっせん利得罪」を構成するような事実があるか、あるいは、影響力行使が純粋に個人的な人間関係を動機とするものである必要があるでしょう。野党やメディアがそのような事実をつかんでいるようには、現段階では見えません。規制改革という分野において、ほぼすべての省庁は徹底抗戦の構えで来ますから、成果を出すためには何らかの形で「総理のご意向」が必要というのも、この分野に携わったことのある者の間では一つの常識でもあるでしょう。

ということで、現在見えている事実からは何が問題なのか今一つはっきりしません。私が問題提起したいのは、そもそも、獣医学部の新設が何故にそんなに大問題なのかということです。政治家の口利きが（あったかどうかとは別に）そもそも必要であるのは何故なのかということです。

そもそも論として、国や業界団体などが医者や獣医などの専門職の「品質管理」を担うことには意味があるでしょう。一般国民は専門的知識を持たないので、医者や獣医が適切な教育や訓練を受けているのか信頼に値するのか、判断できないからです。したがって、一定の教育課程を修めていたり、国家試験に受かったりしていることを免許の条件とすることには合理性があります。

しかし、国家(文科省や厚労省)が、獣医学部の数や獣医の数を厳しくコントロールすることに、どのような意味があるのでしょうか。規制改革の分野では有名な話なのですが、獣医が足りているか否かという問題とは別に、医者が足りているか否かというのは医療行政、教育行政にとって長らく大問題でした。都知事を辞任して評判を下げてしまった舛添要一さんは、厚労相だったころに医者が足りないことを役所に認めさせたことを自らの主要な業績として書き残しているくらいです。日本が弁護士や公認会計士を少しずつ増やすのに、どれだけの時間と政治的資源が必要とされたか、何ともバカバカしい話です。

品質管理ならともかく、何故、国が専門職がどれだけ社会に存在するかという、供給管理まで担う必要があるのか。それは、コントロールのためです。資格や、国家試験や、学部設置というのは、役所がその業界を管理するための道具なのです。そのコントロールは、多くの場合、有資格者の急激な供給増加によって自ら商品価値が下がってしまう業界団体の意向を、それこそ忖度しながら行われます。加計学園問題においては、文科省と厚労省が登場しましたが、建設や運輸の業界に対しては国交省が、電機や機械の業界に対しては経産省が、文科省とともに登場するのです。

口利き政治を誘発するのは官僚支配

加計学園問題を通じて考えるべき教訓があるとすれば、政治家の口利き政治を生むのは官僚支配であるということです。規制やルールに基づく官僚の統治は一見すると公平なようでいて、実は口利きを通じた腐敗と不公平の温床なのです。

あらゆる規制には解釈の幅がありますが、その解釈の幅の運用は官僚側の理屈で決まってくるからです。民間の個人なり企業なりが新しい事業を行おうとして、当該分野の規制に適合させようとしたとき、お役所の側は様々な理屈で自らの意思を通そうとします。役所の判断が、既存業者や地域住民などの「既得権者」の利益の下に新規参入のハードルを高くすることである場合もあるし、後で責任を問われたくない役人の事なかれ主義である場合もあります。これまでもこうやってきたからというだけの、思考停止に基づく場合さえままあるのです。

そこでものを言うのが、政治家の口利きです。口利き政治は、官僚主義とコインの裏表の関係にあるのです。では、どうすれば良いか。官僚のコントロールは本当に必要な部分だけに極小化していくことです。市場原理主義ではありません。規制を通じて対応すべき問題と、市場を通じて対応すべき問題を常識的に峻別するということです。

獣医学部の新設を例にすれば、国は獣医さんの品質に関わるけれど、供給には関わらないということです。獣医学部が（自由に）設置されて獣医数が増え過ぎれば、獣医さんはそのままでは食べていけなくなります。そうなると、獣医さんは（家畜対応などの）それまで供給不足だった分野に進出したり、人々が欲するような新たなサービスを始めるなどの対応を迫られ、結果、獣医さんになりたがる人が減少するなどの変化が起きます。

規制改革についての議論を聞いていると、この基本がほとんど理解されていないように感じます。それこそ、日本のメディアの論調は、医者が多すぎても少なすぎても批判的です。医者が多すぎることも少なすぎることも、問題ではないのです。医者が少なすぎる（と感じている）のに、新たに医者を養成できないことが問題なのです。

日本人のメンタリティーに、国家が社会的な供給量を決めてしまう、社会主義が浸透してしまっているのでしょうか。社会主義はどんなに頑張ってもうまくいきません。ソ連では、鉄鋼は作りすぎてパンは足りなかったのです。それを直そうとしたら、数年後には劣悪なパンが余ってしまって捨てる羽目になるのです。

森友問題から加計学園問題と、今国会で注目を集めたのは総理周辺による口利きの疑いでした。それらの問題が、国会という国民の貴重な資源を利用する上で意味あるものだったかどうかは読者諸賢がそれぞれ判断されるとして、口利き政治の本質には、無用の規制とそれに基づく非効率で不公平な官僚支配があることをせめてもの教訓とできればと思うのです。

人材がいないのか　メディアが悪いのか

安保法制に対して政界や世論を二分する大論争が起きた2015年。それに続く2016年は、ますます流動化する国際情勢の中、日本では奇妙な現象が起き始めました。2016年の春ごろから衆参同日選挙をもくろむ解散説が唱えられ、実際には実現しなかったものの、参院選で与党が大勝する事態が現実のものとなりました。しかし、自民党を利する「風」の勢いがあったわけでもなく、国民が現状維持を望んだのだとしか言いようのない、乾いた勝利という印象でした。

そして、まさにアメリカではトランプ候補が大統領の座を獲得せんとする2016年の秋、日本では一度は政権を取ったこともある民主党を母体として作られた民進党の解体が静かに進行し始めたのです。その後、民進党は一方では弱者救済の旗を、もう一方では多様性の旗を掲げようとするも求心力を失い、仲間割れやスキャンダルに苦しみ、誰もが集うような指導者を欠いたまま、「小池劇場」に触発された分裂の道を辿ります。

ところが、その間も与党や政府は数々のスキャンダル、事件を引き起こしてきました。毎週のように週刊誌が醜聞を報じ、情報は日常的に隠蔽されていることが明らかになり、答弁を修正するパターンが繰り返されました。モリ・カケ問題や自衛隊の日報問題は日本全体の組織病の様相を呈している部分はあるとはいえ、やはり長期政権ならではの問題が噴出してきたことも事実です。とりわけ、内閣人事局をめぐる官僚との関係における官邸の権力が批判を浴び、忖度による隠蔽を引き起こすような政官関係でよいのだろうかという問いが生じました。モリ・カケ問題に多くの時間を費やしたことで、日本全体の進歩が止まってしまったという面もあります。政権は「攻めない」政権運営に転じ、而《し》して《こう》本書の冒頭で述べた支持率低下を招きます。政治の停滞により、日本全体が停滞してしまったのです。

2017年秋の衆院選は与党の大勝に終わりました。しかし、誰もが指摘するように、これは野党が安倍政権の脅威足り得ないから、と見た方が正しい。加えて自民党内は盤石の派閥の数の論理が健全で、多くの派閥において次世代のリーダーが乏しいのが現実です。では日本はこの3年間どのようにして事ここに至ったのかを考えてみたいと思います。

忘れてはならないのは、事ここに至る過程で、2009年の選挙で民主党を支持した無党派の改革支持層が、2012年、2014年と票を入れてきた改革志向の保守政党が衰退していったということです。政党はリーダーなしには機能しないもの。関西地方を地盤とする小規模な維新は、国政での太陽の党や結いの党との合流に失敗し、純化を試みます。維新は、憲法改正草案の提示などユニークな試み、地方に軸足を置いた改革の試みをしてきたものの、安倍総理の潜在的なライバルだった橋下徹氏の都構想の是非を問う住民投票における敗北に伴う政界引退で、国政政党としての求心力を大幅に低下させます。異端児として内外で注目を集めてきた橋下氏が引退したことで、保守二大政党の芽はいったん日本政治において潰れました。その裏では、民進党を飛び出した細野豪志氏のイニシアチブが、小池百合子都知事との連携の中で挫折していくという、サイドストーリーも存在しました。

ただ、小池都知事の勇み足や選挙の準備不足、そして政策の内実を欠いたイメージ戦略を脇に置いた、改革支持の無党派の勢いというものも、2017年の都議選は私たちに感じさせてくれたことは事実です。したがって、政党の栄枯盛衰とは別に、日本に政権交代の可能性がなくなったわけではありません。なぜ、改革保守勢力の試みは繰り返し挫折してきたのかを探りたいと思います。

2017年解散総選挙　虚無感の内実

（2017年9月28日）

2017年9月、衆議院解散を前に、小池都知事はしがらみのない政治を目指すと言って「希望の党」を立ち上げました。

沈みゆく船から逃げ出すがごとく、民進党からは離党者が相次いでいます。このままいけば、前原民進党は都議選と同様、埋没して壊滅でしょう。窮余の策として前原氏は党員の集団離党を容認するとも、民進党ごと希望の党に合流するとも報道されています。「希望の党」への合流は、憲法や安全保障問題での一致を条件として、旧民進の左派を切り離すこととなるでしょう。事態はなお流動的ですが、選挙後に解党する流れはもう誰にも止められないでしょう。

「希望の党」が掲げている政策は、消費増税先送り、原発ゼロ、憲法改正。政策の組み合わせに、どこまでも乾いたプラグマティズム（＝現実主義）を感じます。これまでの、保守／リベラルの定食メニューに縛られる必要はないし、時代の雰囲気が差し示す方向に進んでいくことが悪いわけでありません。私は、元々が保守二大政党制論者です。

私が違和感を覚えているのは、そこに悩んだ形跡がないこと。青臭い議論の形跡も、人間味のある葛藤も、土臭い利権の匂いもしないのです。小池知事が登場して以来、私自身、その集団の本質を理解することに難儀してきました。ただ、小池氏の会見を見て、虚無感を覚えたことは告白しなければいけないでしょう。本稿を書いているのは、その虚無感と向き合うためです。

しがらみvs.スタイル？

地域政党である都民ファーストの会については、「スタイルの党」の系譜にあると申し上げてきました。大事なのは、政策の中身でなくてスタイル。談合的でなく、オジサン的でもない。内実はともかく、多様性や透明性といった言葉を多用する。改革、希望、リセットと繰り返す。希望の党が提示したイメージビデオは、とてもわかりやすい。煙草を吸う小太りのおじさんの横を小池知事をイメージさせる女性が颯爽《さっそう》と歩み去っていくのです。

小池氏の原動力となっている、しがらみを憎む気持ちには、共感する部分ももちろんあります。小池氏が歩んできた人生を思うとき、若くして注目を集めた才気煥発な政治家が、自分を押さえつける陰湿な社会を、憎んで憎んで、歯ぎしりしている様子は想像に難くありません。

この、しがらみの政治が日本から明るい将来を吸い取っているのも事実です。毎年100兆円以上のお金を高齢者福祉に投入し、子供たちの世代にどんどんツケを回す。次代を切り開く投資もまともにできない。グローバルには相手にすらされなくなりつつある。国を守る構えも中途半端なまま。何を変えようにも、ぐちゃぐちゃぐちゃぐちゃ、いつまでも時間がかかる。

ただ、変わらない日本というシステムに絶望しても、そこに幾ばくかの愛と憐憫《れんびん》はあるもの。自民党が差配してきた利権というのは、ほとんどの場合、地場の団体と企業の優遇であって、巨悪というほど立派ですらないから。公共事業と許認可行政には、ねじ曲がった国家福祉という側面もあります。

政治の中に存在する様々な悪の中で、利権をめぐる悪というものをどこに位置づけるべきか。20世紀半ばに颯爽と登場した政治運動は、例外なく旧時代の利権を攻撃しました。財閥のおじさん達と違って、青年将校たちはクリーンではあったのだから。

日本政治は、今後どのように展開していくのでしょうか。自民党と希望の党が二大勢力を形成することにはなるでしょう。選挙後には、憲法改正を眼目とした時限的な大連立もあるかもしれません。

　今後、護憲左派が本当には力を持っていなかったことが明らかとなるでしょう。旧世代の護憲派達は、一部のメディアと共に最後の抵抗を続けるのでしょうか。思想テストによって選別され、希望の党に吸い寄せられた政治家たちは数年後には離散している存在。まあ、力ある者は小選挙区で勝ち抜けばいいのだから別に良いのだけれど。

　小池氏の強みは、「私の成功」が、日本社会にとって良いことであるということに一片の疑念すら持たないこと。だからこそ、大衆の熱狂を喚起することができるのでしょう。自己目的化した権力は強いのです。キャッチフレーズの中身に違和感が少ない分、政治運動の本質がより露見するのかもしれません。

　希望の党に集っている方々の中には、好きな方もいるけれど、そこには言いようのない「虚無」を感じます。深淵の縁に立って底を覗き込んだ時、暗闇だけがあったから。そして、暗闇もまたこちらを見ている感じがしたのです。

大阪都構想とは何だったのか

（2015年5月14日／5月18日）

2015年5月に大阪都構想の住民投票が行われました。もとより、多様な論点を含むテーマですが、本件については、様々な識者がそれぞれの立場と思惑から発言をしています。私は、「政策論としての都構想」と「政治論としての都構想」に分けて捉えることが重要と思っています。

政策論として都構想を評価するには、地方自治をどのように捉えるかという根本が影響してきます。政治論としての都構想は、日本の民主主義のあり方に関わると同時に、現実的な政治的利害に関わってきます。また、住民投票の結果如何で今後の日本政治がどのように展開するかという観点も重要になってきます。順に見ていきましょう。

まず、政策論としての大阪都構想には、地方自治をめぐる政治的立場に応じて見解が分かれているようです。私自身は、地方自治の意義は、分権的に地方が政策を競い合う社会を築くことだと考えています。地方自治の強化によって民主主義に伴う集合知が充実し、日本全体として、政治の質も、経済の活力も、文化の水準も底上げされると考えるからです。

その過程においては、競争に適応できずに住民サービスが劣化し、あるいは、経済の活力を失われる自治体も出てくるでしょうが、それは過渡期の現象として許容すべきと思っています。

現実的な「撤退戦」

もう少しはっきり言えば、全体として人口減少が進む日本において、すべての自治体が生き残るという発想にそもそも無理があるわけで、競争の結果として現在より縮小する自治体が存在するのは当然です。日本の民主主義と福祉国家制度は、すべてのコミュニティーを守ろうとするよりも、本当に弱い立場にある国民を守ることを重視すべきという発想です。現実的な「撤退戦の発想」と言えるかも知れません。

地方自治に関する報道や研究に触れる限り、おそらく、以上のような発想に立つ者は少数派なのだと思います。日本では、地方自治についていまだに東京と地方の間のパイの分配に話を帰着させてしまう議論が主流です。分配重視の地方自治論は、政治的な左右両側に分布しています。そこでは、自治という言葉のニュアンスにこめられた自助・自立の発想よりも、地方における短期的・物質的な恩恵に焦点があります。

地方自治を、福祉にせよ教育にせよ、もっぱら住民サービスの充実の文脈で捉える立場もあります。こちらは、どちらかというと左側の識者に多く、地方の産業よりも住民を重視しています。両者がともに「普通の市民」に対する分配に傾斜した発想であることには変わりません。

先の統一地方選でも、首長選挙や議会選挙で主張された地方創生の殆どがこの分配重視の発想です。安倍政権が掲げる地方創生には、これまでよりは自助・自立の発想がこめられていたはずですが、中央の思惑と地方の受け取り方は相当な同床異夢です。もともと計算された同床異夢だったと言えばそれまでですが、結果として本質的な論点がぼかされ、必要な改革の気運が削がれているとするならば、罪深いことです。

大阪都構想のもっとも評価できる点は、地方自治における根本の発想が自助・自立に立脚していることです。もちろん、大阪は日本第二の都市であり、いわゆる地方ではありません。しかし、大阪都構想が、東京や日本全国から富を引っ張ってこようという発想に立たず、大阪が自ら活力を取り戻し、富を作り出していこうという発想に立っているのはとても健全です。

大阪が活力を取り戻すための一つの答えとして、成長戦略の立案や実行をはじめとする広域の自治は都の単位で行い、住民サービスは新たに編成される特別区が行うという発想は自然でしょう。二重行政の無駄を取り除くという議論に入る以前に、自助・自立の政策を立案し実現するためには現実的な規模という発想が大切だからです。

都構想を推進する橋下市長は、都構想を道州制の第一歩に位置づけています。道州制の最大の意義は自助・自立にむけて適切な規模の主体を作り出すことですから、ここでも基本的な発想は支持できるものです。

しかも、今日求められる自助・自立は、グローバルな競争の舞台においてです。それは、好き嫌いの問題ではなく、現に日本全体がこの競争に晒されているのです。中央の分配政策によってグローバル競争の結果が緩和されることはあっても、日本全体の財政が逼迫する中で、それはやがては地方にも波及します。もっとも、グローバル競争の結果生じた空洞化はまず地方で感じられるものであり、東京をはじめとする都市の方が却って鈍感なのかもしれませんが。

日本の地方活性化論は、実は1960年代の東京オリンピックの頃から言われています。「列島改造」論や「国土の均衡ある発展」論には、遅れていた地方の社会整備を進める上で一定の意味があったことは否定しません。しかし、バブル経済の前後には次のステージに移行していなければならなかった。過去20年の地方活性化論は、巨大な借金を作り出して未来の世代に負担を先送りしただけで、地方の自立には殆《ほとん》ど貢献しませんでした。20年やってうまくいかない政策は、今後もうまくいきません。

「大阪都にならなくても大阪の自立的な成長戦略は描けるはずだ」、「大阪都にならなくても二重行政の無駄は解消できる」、都構想に反対の議論は、論理的には正しくても、それではなぜこれまでそうしてこなかったのかという問いへの答えがありません。都構想に政策論として弱点があり、はっきりしないところがあるというのはそうかもしれません。しかし、ジリ貧の日本と、もっと厳しいジリ貧の大阪にとって、これまで提案されてこなかった類の、自立的な活性化策の提案であることは否定しがたいわけです。そういう意味で眺めてみると、政策論としての大阪都構想に細かい欠点があったとしても、根本の発想においてやってみる価値はあるのではないかと思っています。

もちろん、都構想への賛否がそれほど単純でないのは、政策論のみならず、政治論の部分があるからです。ここでいう政治論というのは、そもそも維新という政治勢力がどのような力学に則っているのかということと、今般の都構想がどのような政治プロセスによって展開されてきたかという複合的な意味で使っています。

維新というのは興味深い政治勢力です。その始まりは、大阪の公務員の過剰待遇問題という、自治の行き詰まりを踏まえたタレント知事の登場でした。現状のエリートに対する不満のエネルギーが、弁の立つタレント候補への支持という形で結実したわけです。その時点では、過去の青島幸男氏や横山ノック氏のようなタレント知事とたいして変わらないはずでした。面白かったのは、その後、維新が発揮した組織力です。大阪で自らの改革路線を実現するために府議会や市議会に一大勢力を築き、中央政界にも進出します。民主党、公明党、自民党の権力者とも巧みに交渉し、時に対立し、時に妥協しながら維新にとって有利な展開を構築してきました。

現状変更のエネルギー

維新という政治運動の根本には、現状変更のエネルギーがあります。それは、反エリート主義という感情に立脚している場合もあれば、日本や地方の地盤沈下という閉塞感に基づいている場合もあります。大阪においては、大阪ナショナリズムともいうべき独自の地域感情もあるようですが、全国的には、過去数年の日本政治を動かしてきたマイルドな構造改革派という、有権者の塊です。小泉純一郎氏を総理の座に押し上げ高い支持を与え続けたのも、民主党を政権の座につかせたのも、自民党の政権復帰を後押ししたのもこの有権者の塊です。そこにはメディアの力も多分に影響しており、全体として、マイルドな新自由主義的な気分と言ってもいいかもしれません。

東日本大震災から1年経ったころ、私は米国ジャーマン・マーシャル財団の依頼を受けて震災復興戦略と日本政治の現状について解説する原稿を共著で書きました。当時自民党は下野しており、私は菅現官房長官へのインタビューを初めとして、野党時代にどれだけ自民党の内部改革が進むかに着目して聞き取りを行っていましたが、想定読者である米国の識者は圧倒的に維新の持つ潜在力に興味を覚えていました。橋下氏は当時アメリカから見た日本の改革気運を担うヒーローだったわけです。

維新は、当時、マイルドな構造改革支持派の有権者の選好を部分的に捉えた結果として伸張したのです。部分的にというのは、同じくマイルドな構造改革派でありながら、維新のことが大嫌いという勢力も厳然と存在するからです。この維新に対する強い感情は、エスタブリッシュメント側の良識派的な方に多いように思います。私自身、維新の一部が醸《かも》し出すなにやらマッチョな感じや国士的雰囲気には相当な違和感がありますので、その気持ちは分からないでもありません。

維新の関係者が使う「グレートリセット」という言葉には、現状の閉塞感を一気に解決するという感情がこめられていますが、一つ一つ丁寧に積み上げていくことが美徳とされる日本の実務者にはなかなか受け入れられない発想です。もちろん、維新は大阪では実際に実務を担ってきましたので、進めている改革は一つ一つ積み上げられているものではありります。維新にはテクノクラートをうまく使いこなしているという面もあるようですが、政治運動のトーンとして肌合いが違うということなのでしょう。

都構想ということに引き付けて言うと、橋下市長をはじめとする維新のリーダー達が投入しているエネルギーには目をみはるものがあります。議会の中で多数派工作を行い住民投票まで持っていく展開は、日本の地方自治になかったダイナミックなものでした。住民投票が決まってからは、連日タウンミーティングを開催し、メディアにも頻繁に登場しながら住民の説得に努めています。橋下氏の個別の発言には、勇み足の部分も、少々品がない部分もありますが、住民の方を向いて、住民を巻き込んで物事を前に進めようという姿勢は、はっきりしています。

先般の統一地方選では、低投票率と無投票当選が続出しました。地方政治に大きな論点がないからと言えばそれまでですが、日本の民主主義における「よらしむべし、知らしむべからず」が長年積み重なった結果であるのではないでしょうか。維新のこれまでの活動が、日本人が、内発的に何かを変えようとするときの一つのモデルを提示していることは間違いないでしょう。

明治維新も戦後改革も、外圧を梃《てこ》に絶対権力の下で進んだ改革です。本当の改革とは権力争いですから、きれいごとで進むことはありません。それでも、成熟した民主主義国となった日本が、自らが抱える課題と向き合い、言論をもって変化できるかもしれないというのは一つの希望ではあります。

蓮舫民進党代表を覚えていますか?

（2016年9月16日）

日本政治は異常な状態が続いています。2012年末に自民党が政権に復帰して以降、自民一強、安倍官邸一強が続き、日本政治から政権交代の緊張感が消えているのです。国民の多くにとっては、もはや、当たり前の感覚になりつつあるかもしれませんが、小選挙区制を基軸とする選挙制度を持つ民主国家において、まったく政権交代の緊張感がないというのは異常である、という認識を持つことが必要です。安倍政権には、近年の政権にはなかったある種の老練さや安定感がありますが、この異常さの原因の大半は野党の体たらくに負っています。

その流れを反転させるきっかけが、野党第一党である民進党の代表選挙でした。蓮舫氏の代表選出により、少なくとも岡田克也民進党よりは、攻勢を強めるのではないかと思います。蓮舫氏のコミュニケーション能力や、「キリッ」とした主張には見るべきものがあると思います。複雑な背景や経緯のある問題を単純な図式へと流し込む能力は、乱暴な側面がある一方で、現代の民主国家のリーダーには必要な能力ですから。与党が、経緯論に拘《こだわ》って官僚答弁を繰り返すような局面では、蓮舫氏のスタイルは特に効果的でしょう。野党政治家としては、恵まれた才能をお持ちだと思います。

ただ、これで日本の政治に政権交代の緊張感が戻ってくるかと言えば、私は、その可能性はほとんどないと思っています。正直申し上げて、民進党の代表選は大変に残念なものでした。蓮舫氏の二重国籍問題については後述しますが、政治信条の根幹にかかわり得る問題について、「その場しのぎ」の説明で切り抜けようとしたのは大きなマイナスでした。民主党政権の失敗の大きな理由であった危機管理の未熟さを克服していないことを露呈したからです。

当初から、蓮舫氏有利が伝えられていたからかもしれませんが、前原氏の覇気のなさや、玉木雄一郎氏のとりあえず出てみましたという姿勢から期待感が生まれることはないでしょう。野党第一党としてしっかりしてほしいのか、もはや、日本政治が異常さから抜け出すために期待をかけるべき存在ではないと割り切るべきなのか、その岐路にあります。

なぜ体系的な経済政策を語れないのか

民進党が自民党の対抗勢力になりえないのは、体系的な経済政策を語る能力を持たないからです。極めてシンプルなことです。大事なのは、一にも二にも経済です。

民主党時代の外交・安保がひどかったのは事実です。沖縄問題で手痛い失敗をして日米関係は信頼感をなくし、融和的な姿勢を取っていたはずなのに中韓との関係も良くなかった。ただ、外交・安保は、対外的な環境によってやれることがある程度決まってきますから、そんなに大怪我はしないはずなのです。最悪、官僚任せにしてもそれほど実害がありません。

ところが経済政策は違います。人口構造が厳しい中で、国内の既得権と戦って生産性を高めなければいけません。グローバルな競争に耐えるだけの産業を創生しながら、民主主義の足腰を弱くする格差にも目配りが必要です。それを、未曾有の財政危機の中で、社会保障が持続の可能性を失いつつある危機の中で行わなければいけないのです。誰が担当しても茨の道ですが、であるからこそ、一定の信頼感を国民から得なければ政権の座は絶対に回って来ません。

3候補の中で体系的な経済政策の存在を感じさせる方はいらっしゃらない。あるのは、財政政策の中の一部分に過ぎない分配政策だけ。今回は時代のはやりなのでしょう、「人への投資」や「教育の無償化」ということに少々力が入っていただけでした。これまで、何度も繰り返してきたことですが、金融政策と財政政策と構造改革のすべてにおける大まかなスタンスくらいは明確にしないと経済政策を語ったことにはならないのです。経済を「暮らし」と言い換えたり、成長に「安心」を対置したりする言葉遊びではダメなのです。アベノミクスの第一の矢である金融政策が株高まではもたらしても、経済全体の好循環につながっていないという指摘は、今となっては一定程度フェアなものでしょう。じゃあ、どうしたいのか。金融緩和はやめて、引き締めを行うのか。黒田東彦《はるひこ》総裁の首をとって、どんな考えの候補を日銀総裁にしたいのか。いま、金融を引き締めることで経済が冷え込むことにはどのように対処するのか。その程度のビジョンがないということは、あり得てよいものなのでしょうか。

財政政策に力が入っているのはわかります。公共事業を見直し、細かな租税特別措置法を見直して、財政を組み替えることにも納得感はあります。ムダの排除で何兆円もの財源を捻出するという案は、さすがに民主党時代の反省があって聞かれませんでした。代わりに各候補が口を揃えたのが、人への投資であり、教育の無償化でした。曰く、人への投資を増やせば経済は良くなると。

私は、教育に関わっている人間ですから、教育の重要性を過小評価するつもりはありませんが、さすがにそれは乱暴でしょう。人への投資が経済の活性化に結び付くまでには長い時間がかかります。しかも、人への投資はハコモノの投資と違ってとても難しいものです。さらに言えば、現在の日本の教育に対する理解が足りない。

幼児教育の大問題は、働く女性の増加を踏まえた供給不足であり、保育と教育の質を一体で高めていくことです。これは、単に保育士の給与を一律に底上げすることでは解決しません。最初に手を付けるべきは、看過しがたい官民格差を解消することです。日本の高等教育も難題を抱えています。国際的なランキングは右肩下がりです。ソフトウェアやAIなど、21世紀のイノベーションの中心となるべき領域は圧倒的に人材が足りません。研究や教育の質を左右するポストもカネも中高年の一部の研究者に偏り、学問の足腰は弱まっています。それでも、改革に向けた動きは教授会という互助会統治によってほとんど阻《はば》まれてしまう。何かが壊れているとき、原因を追究せず、改善策を見出さず、とにかく予算だけ増やすという対処法がうまくいくことはあるのか。もう少し、まじめに取り組まれるべきです。

政権交代を支えたのは構造改革支持層

構造改革については、皆無と言っていいほどでした。各種の研究によって、2009年の民主党の政権交代を支えたのは、かつての小泉政権を支えた構造改革支持層であることははっきりしています。構造改革を進め、生産性の改善を進めることは中長期的に日本経済にとっての最重要課題であると同時に、党利党略としても合理的なのです。

民進党の議員や支持者の中に、成長そのものに懐疑的という方がいるのはわかりました。であるならば、ゼロ成長でも破綻しない社会保障政策を提案する義務があるでしょう。それはそれでたいへん厳しい選択になることでしょう。

成長をあきらめないというならば、経済成長を促すものは何なのかについて自覚する必要があります。単純に言えば、それは労働や資本などのインプットを増やすか、生産性を高めるか、輸出などで国際的に市場を確保するかの三つしかありません。もちろん、そのどれもが必要です。

インプットを増やす政策は、労働の部分では女性と高齢者の労働参加を促すことです。資本の部分では、投資を促さないといけないということです。貯蓄から投資へと言われ続けて何十年も経っている個人による投資の分野でも、内部留保だけが積みあがっていく法人の投資の分野でも、カギとなるのはリターンを実現する機会が存在することです。

生産性を高めるための政策と共通しますが、社会の中でお金が回ることを実現するためには、市場に競争の規律が存在しないといけません。経営者は、業績を残すために行動し、結果に対して責任を負うということです。そういうことを申し上げると、すぐに株主至上主義であるとか、金融資本主義であるとかのレッテル貼りが飛んでくるのですが、そんなたいそうな話ではありません。単に、結果に対して責任を負う、責任を追及できるようにしておこうということに過ぎません。うまくいく事業にはもっとお金が集まり、ダメな事業からはお金が引いていくというサイクルを通じて、社会全体の生産性は高まるのです。

もちろん、「規律ある市場」以前の問題も存在します。単に、不要な規制、時代遅れの規制、一部の既得権者を利するためだけの規制が残存する場合です。そこでは、新規参入を促し、イノベーションを促すために既得権者と戦う規制改革が必要です。安倍政権は、かつて民主党政権時代に提案された規制改革案件のほとんどを棚ざらしにしています。どうして、そこを衝かないのでしょうか。

私が、ある種の憤りを覚えるのは、この程度のことさえ提案できないのはただの怠慢だからです。そこそこの能力を持つコンサルタントや、元官僚のチームを組成すれば簡単に立案できることです。もし、有権者には理解されないか、受けないと思っているとすれば、勉強不足を通り過ぎて、日本の民主主義をナメていると言わざるを得ません。民進党は、過去の反省を迫られている部分もあるけれど、本当のところは、現在の能力を疑われているのです。

「異端」な才能とガラスの天井

最後に、新代表に就任された蓮舫氏について少し触れたいと思います。前述のとおり、彼女のコミュニケーション能力には見るべきものがあると思っています。その上で、思うことは、日本社会に存在するリーダーシップの型についてです。日本の政界や芸能界には、「外国人」や「ハーフ=ダブル」であるからこそ、あけすけにものを言える空間が存在します。日本には、そのような「異端」の存在を安全圏内で刺激に使ってきた伝統があります。ズバズバものを言う蓮舫氏はその系譜に連なる一人として、民進党の支持率をはるかに上回る支持率を獲得してきました。

しかし、異端の存在は、そのままではメインストリームにおいてリーダーにはなれません。日本社会のメインストリームは、閉鎖的な村社会であるように見えて、独自の論理と倫理に基づく厳しい競争が存在します。競争を勝ち抜く原理は集団の文化や環境によって異なるものの、そこには、ある種の人格を軸とした淘汰のプロセスがあります。さすがに、何かを成し遂げないと上にはいけないようになっていますし、一定程度の「雑巾がけ」も必要なわけです。

異端の存在は、この競争のプロセスの外にいます。蓮舫氏を見ていると、その種の競争から自由であったことで、個性が摩耗していないと感じる面もありますが、それよりも強く感じることは、ある種の危うさです。彼女の周りには、その人気にあやかろうという者以外に、危機にある彼女を支える存在がいるのだろうかと。リーダーの最も単純な定義である、フォロワーはいるのだろうかと。彼女は、今まで何を成し遂げてきたのかと。

女性の社会進出という観点から、蓮舫氏の党代表選出には象徴的な意味があると思います。しかし、同時に思うのは、ガラスの天井を壊す者がどんな方であるかも重要であるということです。蓮舫氏が体現する価値観が、女性が成功するための要素として抽出されることが果たして望ましいのかということです。きれいで、てきぱきとものを仰ることは政治家としてプラスでしょうが、次代を担う若い女性に与えるアドバイスとして、それが適切なものなのかどうか。

二重国籍問題で感じたことは、「その場しのぎ」の危うさであると申し上げました。蓮舫氏の一連の発言による、ダブルの方々の社会への包摂も、日本社会の多様性の増進も全く見られませんでした。今後の展開によっては、悪化する可能性すら感じられます。

本件は、「二重国籍を放っておいて認識不足でした」ということでも、「二重国籍で何が悪い」ということでも良かったと思います。少なくとも、そのどちらにも真実味があります。

仮に前者の立場をとるのだとすれば、主流派として中道の支持を勝ち取るにはプラスでしょうし、今回の蓮舫氏の受けた批判が行き過ぎればいじめであると非難することさえできます。その場合、女性誌や朝日新聞などに掲載された過去の自らが二重国籍であるとする発言は、正直なその時の認識や思いであり、国会議員なのに二重国籍なのはまずかったと国籍法への認識が足りなかったことを詫びることになるでしょう。この素直な詫びをしなかった理由はおそらく、党や支援者を失望させないためであり、途中で違法性はまずいかもしれないと薄々気づいたときに、単なる手違いであると無謬性《むびゅうせい》を貫く判断をしたからだろうと私は推測します。

後者の立場を取るのであれば、ダブルの由来をもたない想像力の欠けた日本人が、より多様性のある背景を持つ人への思いやりが足りず、親の22歳時点での単一国籍選択によってその子供が祖父（母）の国籍を選ぶ機会を奪ってよいのかと正面から訴えるべきだったでしょう。国会議員は仮にだめでも地方議員は良いのではないかなどと、蓮舫氏自身の考えを打ち出すこともできただろうと思います。いずれにせよ、それは多様な背景を愛することであって、法律至上主義が時に個人レベルで具体的な不正義を生む場合があることに光を当てる結果になったでしょう。だからこそ、日本の国内法上違法でないと強弁するために、中華人民共和国の国籍法適用を持ち出したときには、さすがに私も力が抜けました。切り抜けられれば、何でもいいのかと。

個人に着目すると、自民党のリーダーと野党のリーダーの一番の違いは、統治者としての自覚です。統治者としての自覚について、蓮舫氏の場合、「わたしの自由」というところに問題意識がとどまっているように見えます。政治的な動機が、より普遍的に国民のため社会のためへと昇華される過程でこそ、統治者としての自覚は培われます。今回の一件は、好意的に解釈すれば生みの苦しみとも言えるかもしれません。しかし、国民の寛容さは長くは続かないでしょう。現在の民進党は、体系的な経済政策を語れない、スタイルとレトリックだけの党になってしまいました。その意味では、党の顔としてふさわしい代表を選出したということになるのではないでしょうか。

政治家不倫問題のインパクト

（「2018年の論点100」）

2017年は、政治家の不倫問題が大きくクローズアップされた年でした。前年には、議員の育休制度について問題提起した宮崎謙介氏（自民）が妻の妊娠中に不倫していたとして議員辞職。その後、元SPEEDの今井絵理子氏（自民）や、幹事長に内定していた山尾志桜里氏（民進）の不倫が報じられました。今井、山尾両氏は報道を否定し、いわゆる「一線を越えていない」論争を巻き起こしました。山尾氏については、民進党の次世代を代表する政治家と目されていたことや、自民議員の不倫問題を追及してきた側としての「ブーメラン」批判もあり、週刊誌やワイドショーを超えて、主要メディアも大きく取り上げました。民進党の混乱の象徴として、総理の解散判断に影響を与えたとも言われており、今や不倫問題が憲政を動かす要素にまでなっているのです。

不倫がクローズアップされる構造

頻発する不倫問題について、議員の見識が落ち、風紀が乱れているという解説が為されることもありますが、私は、そうは思っていません。人間も、政治家もそんなもの。政治家の不倫なんて昔からいくらでもありました。それが、メディアで注目され、クローズアップされるようになっただけです。

過去、不倫問題が大きく取り上げられなかったのは、社会が男性中心の価値観で回っていたから。「婚姻を壊さない」男性側の不貞に対して社会はとても寛容でした。その構造を支えたのは、「二号さん」的な地位に甘んじる女性達であり、何より妻の我慢でした。経済的に自立していない彼女たちは、その構造を受け入れざるを得なかったからです。

もう一つの変化はメディアの側にあります。一昔前まで、政治家の不倫は知られていても、報道されませんでした。政治部の記者と政治家は持ちつ持たれつであり、不倫が政治家の資質の根源に関わらない限りは不問に付すという「プロの間の合意」があったのです。昨今の不倫報道は、週刊誌記事が発端となり、それがネット上で炎上し、それを主要メディアが取り上げるという経過をたどっています。プロ達によってコントロールが効かなくなり、人民裁判的な大衆の暴力を直で受ける結果となっているのです。

どうして社会的な問題になるのか？

頻発する不倫報道に対して、不倫は夫婦間の問題であって、社会に非難する権利はないという意見も少数ながら聞かれました。政治家の不倫は、政治家の資質や能力とは関係ないと。暴力行為やストーキング行為など、法に触れる要素を含まない限り、私もそう思っています。何より、人の痴話ばなしなんて聞きたくないと。

他方で、政治家には一段高い倫理観を持ってほしいという意見も根強く存在します。個人の間の婚姻契約における、貞操義務の違反がどうしてここまで社会的関心を集めるのか。それには、婚姻を成立させている構造を理解する必要があります。

日本の婚姻制度は、①当事者間の経済安全保障的な側面、②子供を産み育てる単位としての側面、そして、③男女の愛情関係の側面を複合したものです。生活の基盤があり、子育ての基盤があり、その上に男女の愛情があるのです。そして、不倫が社会問題となるのは、③の破綻によって①と②に影響があるからです。

かつて存在した姦通罪は、既婚女性と相手方の男性だけが対象でした。それは、「家」を守ることが目的だったから。既婚男性の未婚女性との不貞は「家」を壊すものとは見做されなかったのです。「家」を壊すことが社会的に許容されないのは、それが生活と子育ての基盤を破壊することに直結したから。

どんな社会も、婚姻を解消された結果として経済的に困窮する女性が続出し、子供が路頭に迷うような混乱を嫌うものです。法や倫理は、そのような社会的要請を体系化したものです。戦前の日本社会は、村社会の掟や、離縁をめぐる慣習や、姦通罪を通じてそれを守ろうとしたのです。

日本国憲法を戴いた戦後社会は、男女平等の原則から姦通罪を廃止します。とはいえ、社会的要請そのものはすぐには変わらないので、離婚のハードルをなるべく上げ、(男女双方の）不貞を離婚の際の慰謝料算定に影響させることで対処してきたのです。

時代にあったアプローチを

我々の価値観は、時代の社会的要請を反映したものです。ただ、価値観が浸透するには時間がかかるので、往々にして一世代前の社会的要請を反映してしまうもの。司法を通じた家族制度の運用変更は、価値観の変化を追いかけるものなので更に遅れてしまいます。

現在社会の主流をなし、司法制度に反映されているのは昭和の時代の社会的要請なのです。既婚者による不倫よりも、男性側の玄人女性との関係や風俗通いに対して社会が寛容なのは、家庭を壊すものであるか否かという基準を当てはめているから。そして、女性には経済力がなく、女性だけが子育てを担うことが前提とされています。だからこそ、離婚のハードルは高く、慰謝料算定の基準が厳格で、子供の親権は女性に与えられることが圧倒的に多いのです。

では、現在の社会的・経済的実態を踏まえて、社会的価値観及び政治と不倫の関係はどこに向かっているのでしょうか。最大の変化は、個人主義の一層の浸透と、不十分ながらも、女性に一定の経済的自立を想定し得るようになったことです。

それらを踏まえ、将来の家族制度は、離婚のハードルを下げる、（男女双方からの）慰謝料や養育費の徴収を厳格化する、親権を無批判に母親に与えるバイアスを見直す、（DV等の問題がないかぎり）面会権を保障する、ひとり親家庭への物心両面の支援を拡充する、という方向に行くでしょう。

政治家の不倫問題は、その人の品性を表す指標としては残るでしょうが、政治的・社会的制裁の対象ではなくなるでしょう。それより、仕事をきちんとしてくれと。その発想は、現在の多数派ではないけれど、将来の多数派には共有されるものとなるはずです。

メディアという「ムラ」

（2016年2月16日）

日本における言論の自由に対する懸念が強まっています。実際に、言論の自由やそれを支える報道の自由がより不自由になっているのかについては諸説あるでしょう。国会でも論戦になっています。国際的なランキングが万能とは思いませんが、国境なき記者団が発表する「報道の自由度」への評価が下がっていることは何らかの傾向を示していると見るべきです。少なくとも、言論がより不自由になっていると「感じる人」が増えていることは間違いありません。そう感じる人が多いということは、結果的に、言論の自由は後退しているのと同じです。

高市総務相の放送法発言問題

そんな中、放送行政をつかさどる高市早苗総務相の放送法をめぐる発言が飛び出しました。2016年2月8日の衆議院予算委員会において、「政治的な公平性を欠く」放送に対して、放送法4条違反を理由に電波停止を命じる可能性に言及したのです。「行政指導しても全く改善されず、公共の電波を使って繰り返される場合、それに対して何の対応もしないと約束するわけにいかない」と。後日、答弁の撤回や修正を求められた際にも応じようとはしませんでした。失言問題の際に常套句として使われる「誤解を与えた」ケースではなく、大臣の本心であるようです。

高市総務相の発言は、過去数年の政権とメディアとの関係性の文脈の中で理解せざるをえません。自民党がテレビ朝日やNHKの幹部を呼び出して事情を聴取した件や、各局の大物キャスターが番組改編を機に次々と姿を消していることなどです。本当に日本における言論の自由の後退を反映しているのでしょうか。実際に、政権が基盤とする特定の思想やイデオロギーに反する言論は行われにくくなっているのでしょうか。

結論から言うと、言論の不自由さに対する懸念には一定の根拠があると思っています。しかし、その原因については、政権側の抑圧や、日本社会の保守化といった単純なものではないと思っています。足元で高まっている言論の不自由さは、日本社会の政治化という変化を反映した症状であると考えるからです。

日本的な権力分立の仕組み

欧米社会と比較した際に日本社会が際立っているのは、それが並立する「ムラ社会」のあつまりであるという点です。ムラとは会社であったり、業界であったり、地域であったりします。ムラ同士が交わることは少なく、個々人にとって「ムラ社会」の存在は圧倒的です。国民や市民という概念は、わかりやすいストーリーとしては存在しても、実際の社会的な単位としてはそれほど力を持っていません。個々のムラが縦割り的に存在し、それぞれの縦割りの中で秩序を保つための伝統と統治原理を育んでいるのです。

実は、この縦割り構造が日本の言論の自由においても重要な役割を果たしてきました。自民党に代表される日本政治の現場は昔から保守主義であり、権威主義でした。責任ある立場にいたことのあるジャーナリストの方に聞けば皆そう答えるでしょう。メディアをコントロールしたがるのは政治の本能のようなものです。その本質は何も変わっていません。メディア業界が独自の「ムラ」として自律性を持っている限りにおいて、政治の介入を組織としてはねのけることができたに過ぎません。そして、その自律性はメディアの中で圧倒的であったリベラルな価値観によって支えられていました。

政治と官僚の関係にも同様の構造が存在します。戦後日本のリベラリズムの原点にはGHQが主導した改革がありますが、霞が関のエリート達はその政策の忠実な承継者でした。政治的な介入を排除し、リベラルな法体系の下で漸進主義的に政策を実行していったのです。生存権を原理とした社会福祉の増進も、男女同権を原理とした女性の地位向上も、時間はかかったけれど戦後一貫して改善してきました。官僚機構というものは、軌道修正は苦手である代わりに、一定の方向に向かって少しずつ成果を出すことには向いているのです。

そんな中、日本社会において政治化される領域が拡大するという変化が起きました。日本は、過去20年の間の諸改革を通じて、一貫して政治的なリーダーシップを強化する方向に舵をきってきました。省庁を統合し、内閣府や内閣官房の権限を強化したことで首相の権限は大幅に強化されました。小選挙区制を導入したことで、政党内で資金や公認権を握る執行部への権力集中が進みました。現在の首相は、かつてとは比較できないほど大きな力をふるうことができるようになったのです。

それは、国民が求めた変化でした。冷戦の終結とバブル崩壊を経た90年代の日本は変化に対して極度に臆病になっていました。個別の「ムラ」の統治原理に身を委ねている限り、変わることは不可能と思われたのです。そこで採用されたのが、政治が関与する領域を拡大するという手段でした。独立性の高い社会が割拠する状態から、政治の大きな物語に基づく横断的な変化へと一歩踏み出したのです。

政と官との関係において、それは「政治主導」という物語でした。しかも、政治主導の内実は世論主導であり、メディア主導であることも多かったのです。政治とメディアとの関係では、政権に対する距離感でメディアがより鮮明に色分けされるようになりました。当然、政権に批判的なメディアに対しては政治の側からの圧力が増大します。それに対するメディア「ムラ」の抵抗力は弱まっていました。

政治の拡大によって物事が前に進んできたことも事実です。薬害との闘いも、無駄な公共事業の削減も、左派的なイデオロギーに支えられた外交政策の転換も、既得権益を排除するための制度作りも、そうして初めて可能になったのでした。その代償が、霞が関やメディアへの政治の介入を許したことでした。

権力は「政治的中立」を判断できない

話を言論の自由に戻しましょう。高市総務相の発言の問題の本質は、権力は「政治的中立」を判断できないという点にあります。百歩譲って裁判所が「中立性」の解釈者たりえたとしても、行政が判断権者である時点でその判断こそが中立性を欠いているのです。大臣は原理的に不可能なことを仰っている。それは、厳密な意味では放送法の規定自体が間違っているということです。日本の行政は「間違い」を改められないという掟をもっていますから、長らくこれは倫理規定であると解釈してごまかしてきたわけです。

そこに、法の原理に対する表層的な理解をもった政治家が現れ、法律を字句どおりに解釈することで影響力を発揮しようとした、というのが一連の発言の本質です。しかし、高市総務相が自民党の政治家として特異な考え方を持っているとは思いません。保守政権の中で頭角を現すための、忠誠心競争に気を取られている傾向はあるのかもしれませんが。

そこにあるのは、法の原理よりも統治者としての倫理を重視する発想です。現に、高市大臣は「私の時に（電波停止を）するとは思わないが、実際に使われるか使われないかは、その時の大臣が判断する」と言っています。徳のある倫理的な指導者として振る舞う「お上」による「さじ加減」に基づく人治・徳治の発想です。

もちろん、自民党の支持者の中にも、国民一般にも、そのような発想を受け入れる土壌が存在します。民主主義という制度が、政策の方向付けを国民の集合的な判断に委ねている以上、その判断が原則によって行われるのか、倫理によって行われるのかを問うことはできません。日本には中庸の道徳の伝統もあれば、喧嘩両成敗の知的DNAもあります。メディアが、とってつけたように政治問題について賛成と反対の立場を紹介するのは、サラリーマン的な事なかれ主義でもあるけれど、日本的な倫理的発想にも沿っているのです。

政治主導に不可欠なもの

したがって主権者である国民がどのような判断軸によって政治的意思を表明するかについて規定することは難しい。しかし、政治主導の暴走を避けつつ、適切に機能させるための仕組み作りを担うのはプロの責任です。

誤解のないように申し上げますが、私は、政治が介入する領域が拡大することそのものに反対ではありません。今日の世界にあって、個々の「ムラ社会」の掟に従って社会を運営することはできないからです。したがって、中選挙区制に戻すべきという懐古主義には与しません。また、知識人や専門家の意見がより尊重される「知性主義」を万能視する立場にも反対です。知性を尊重しない社会は不幸ではあるけれど、知性を主張する側に知性が備わっているのかという観点も重要だからです。

しかし同時に、私企業や、公共放送に対してすら、マーケットの中での（視聴率やコアなファン層形成をめぐる）競争を超えて、民主的統制を、政府や国会を通じてやるべきだとは思っていません。なぜなら、大衆の集合的な意思をすべてに押し付ければ多様性はなくなります。尖った番組も作れなくなるし、カレーライスは激辛もスパイス風味もなくなり、すべてがマイルドなお子ちゃま味になってしまうのです。不人気な番組やTV局は競争の中で淘汰されるべきであって、それが正しい民意の反映のさせ方なのです。

政治主導を機能させるために必要なものは多様性と競争です。政治の文脈においては健全な野党と解釈されることも多いですが、それは単にオポジション（＝対抗勢力）の存在です。中途半端な野党よりも、与党内のライバル争いの方が政権にとって有力な対抗勢力となることはよくあることです。現に、55年体制下の日本政治には与野党間に健全な対抗関係が成立していない代わりに、与党内には激しい権力争いが存在しました。それは、政治の主な存在意義が、利権の分配であった時代には適合した仕組みでした。

政治主導を機能させるために多様性と競争を重視するからこそ、その点を掘り崩すようなことには敏感でなければいけません。投票における一票の格差もそうだし、自民党と共産党しか選択肢がない選挙区が存在することは大きな問題です。そのような発想に立つとき、最も重要な点が、言論の自由を守ることです。言論機関は、言論の自由に対する攻撃には執拗に対応すべきです。

政治が介入する領域が拡大するということの裏側として、近年の政権はメディアでの見え方にも敏感です。だからこそ、現政権もかつてであれば粘っただろうと思われる閣僚を早めに「切る」という対応もとってきました。不倫をした議員や、パンツを盗んだ大臣は、メディアが騒ぐよりも国民の倫理主義によって裁かれればいい。放送法問題で露呈したように言論の自由を理解せず畏れないような大臣こそ、メディア自身が執拗《しつよう》に追及する必要があるのです。

石原会見とリーダーのふるまい

（２０１７年３月４日）

石原慎太郎元都知事の豊洲市場への移転問題に関する会見を見ました。はじめに抱いた印象としては、石原氏が大組織のトップとしてまっとうなことを言っているのに対し、記者達の「世間の空気」をカサにきた質問が、いかにも失礼で、勉強不足であるというものでした。マスコミの通り一遍の論調と、ツイッターの中の論調の多様性とのズレが目立ってきたという印象も持ちました。そもそも、本件は何が「問題」なのか整理が必要でしょう。

石原氏と記者達のすれ違いの最大の要因である本件の核心は、そもそも豊洲への市場移転に問題があるのかという点でしょう。石原氏の説明は、豊洲を市場として使う上での安全性の問題は、科学によって決着がついている。その判断は、今もって権威ある専門家によって是認されている。したがって、今すぐ豊洲に移転してもなんら問題ない、というものです。豊洲は完璧ではないかもしれないが、耐震基準を満たさず吹きッ晒しの前近代的な施設である築地に残ることによるリスクや不衛生より「まし」であろうと。

対して、石原氏をバッシングしたがっている「世間の空気」は、豊洲への移転は危険であると思っています。仮に専門家が「安全」と言っても、「安心」はできないと。安全と安心は違うというのは、政治的な現実として真実です。本来は、安全で十分なはずのものについて、安心までを求めるのは民主主義のコストであり、文脈によっては払わざるをえないコストです。

しかし、安心をゼロリスクと定義するならば、それは追い求めてもしょうがない「青い鳥」であり、実際には存在しません。リーダーとは、どこかで一線を引いて、世間を安心に導かないといけないものです。あくまでも安心を求める安心至上主義者は残るだろうけれど、安全について疑義を生じさせる客観的な事実が出てくるまでは、それらは極論として捨て置くしかないのです。

このあたりに「問題」をめぐるすれ違いがあるのだろうけれど、もう一つ感じたのは、日本社会に時として流れるなんとも言いようのない陰湿な雰囲気です。石原氏に押し付けられようとしていた責任は、「世間を騒がせた」責任なのでしょう。何が本当の「問題」であるかを整理できずに、とにかく「責任」を認めろと。昨日の会見を見る限り、マスコミの関心は真実の追求にではなく、石原氏の「腹切り」にしかなかったように思います。

美学の問題

会場の雰囲気、記者達の質問、そしてスタジオに戻った後のコメンテーター達の発言が一様に求めていたのは、「責任」の二文字を石原氏と結びつけること。それは、報道ではなくて、魔女狩りです。「瑕疵《かし》担保責任の免除」というマジックワードに焦点を当てて、それを知っていたか否かの一点に論点を絞り込む。科学的な知見を要する大組織の決断がいかに行われるかという石原氏の発言については、聞いていないのか理解できないのか。

会見で争われたのが、美学の問題であったということはあります。石原氏は、スター作家で、国民的な英雄のお兄さん。無頼派のデカダンな態度に、世間の政治家とは異なる美学が感じられて支持されてきた人です。石原氏の外国人差別的で女性蔑視の言動について「あの世代の保守的な男性だから」と言って免責する気にはさらさらなれないけれど、氏のビジョンと魅力を多くの人が支持してきたということでしょう。

美学の石原氏であるからこそ、日本的な模範回答は、「最終的な裁可は私が行った。当然全責任は私にある」と言って頭を下げること。マスコミの目的は、その絵姿をカメラに納めることであり、英雄が頭を下げたと囃《はや》したかったのでしょう。繰り返しますが、それは真相解明とは何の関係もない腹切りの美学でしかありません。

石原氏の弁明で感じたのは「世間の空気」が作り出した、安っぽい善悪二元論の茶番に乗っかる気はないよということです。むしろ、最後まで反抗してやるぞと。人生を通じて反抗期であった作家としての、それは別の矜持であり、そこに美学を感じた方も多かったろうと思います。

手続きの問題

美学の問題は、それこそ「感性」の問題でしょうからこれ以上深入りはしません。現状での豊洲移転に問題がないとすれば、「問題」は手続きに帰着せざるを得ません。昨日までに提示された事実に基づけば、石原氏が知事に就任した時点での前提条件は下記の通りです。

- 築地の防災リスクと不衛生に基づく近代化は長年の懸案であったこと
- 現地での建て替え案が検討されたものの現実的でないと判断されたこと
- 豊洲などの海岸近くの移転案以外は現実的に検討された形跡がないこと

・豊洲の地権者であった東京ガスは汚染の問題があることから売却に消極的だったこと

その上で、知事に就任した石原氏が下した判断は、市場関係者や議会の議論は堂々巡りになってしまっており、自らが方向性を示さない限り問題が解決しないということ。そして、最終判断に至る経緯として、下記の手順を踏んでいます。それは、豊洲案は、完璧ではないかもしれないが、築地での現状維持よりはましであるという、現在でも成立する問題意識に根差しています。

・土壌汚染の問題について専門家の意見とともに、都の技術会議に検討させて「解決可能」という結論を得ていること
・土地購入の手続き及び価格が適正であるかについて都の審議会に検討させて「妥当」との結論を得ていること

以上の条件が満たされたことで、裁可したというわけです。焦点となっている瑕疵担保責任の免除について「知らなかった」、「報告を受けていない」と言ったことについて、石

原氏を責めることはありだと思います。これほど政治問題化していた案件について、知らなかったでは確かに恰好は悪い。しかし、恰好が悪いということと、なんらかの「不正」があったと前提することは違います。ましてや、そこで生じた「コスト」について、現在出揃っている証拠でもって石原氏個人に請求するというのは、暴論でしかないでしょう。

兆円単位の予算を預かる知事です。部下には、明確な目的（豊洲の土地購入）を与え、そのための手段（瑕疵担保責任の免除）について細かく介入しないというスタイルはあり得ます。大組織で仕事をしたことがあれば、想像がつくのではないでしょうか。

仮に、瑕疵担保責任の免除について石原氏が知事として知っていたとしても結論は同じだったと思います。民間企業である東京ガスの立場からすれば、法令上の安全対策をする義務はわかるが、「世間の空気」であるところの安心対策までを、青天井で引き受ける契約を結べるわけがないからです。豊洲以外に現実的な移転先の選択肢がなかったならば、その土地を確保する以外にはないわけだから、土地を入手して物事を前に進める上での必要な妥協だったということです。

政治の問題

本件も、最後は当然に政治の問題となります。今もって、豊洲問題が「におう」というのはわからないでもないからです。石原氏自身も、自分が話すと「困る人がいる」という趣旨の発言をしています。

豊洲の土壌汚染対策費が高騰した経緯は理解したいところです。安全が達成された後に「安心」の旗を振って不安を煽ったのは誰か。豊洲の建物の工事費が高騰した経緯はどうだったか。築地の跡地利用がどのようになされようとしているのか、等々。そのあたりにこそ、都政を浄化する論点があるように思います。

マスコミは、小池知事と石原家の因縁の対決構図を作ろうとしています。週刊誌的な関心としてそこに面白さがあるのでしょう。都知事選中の慎太郎氏の女性蔑視の発言は醜かったし、都連会長の伸晃氏が桜井俊氏から増田寛也氏まで官僚上がりの実務家っぽい人を次から次へと担ごうとした経緯は滑稽でした。政治には復讐という人間的な要素があるのは否定できませんから、それはそれでやればいい。

御年84歳、足腰は衰えていても頭脳はしっかりしていた。かつてほどの攻撃力は発揮されなかったけれど、腹切りを求める「世間の空気」を十分に理解した上で、会見に臨んだ石原氏は、私にはまっとうに見えました。

その石原氏がもっとも強調したのは、小池知事の不作為の責任です。使う見込みのない地下水の汚染レベルについて喧伝するのは的外れではないかと。現代の政治が迫られる科学的な決断について、どこまで「安心」の論理を引っ張るのか。日々、積み上がっていく判断延期のコストにどのように落とし前をつけるのか。

築地に関する客観的な事実がきちんと出てくれば、世論における豊洲移転派と築地残留派は拮抗《きっこう》するでしょう。都議選までは、自陣営が割れるような論点を作り出したくないということかもしれないけれど、リーダーの資質というのは困難な局面においてこそ発揮されます。晴れた日の友も、晴れた日のリーダーも役に立たないものです。

政治的嗅覚に優れた小池知事のこと、「世間の空気」の潮目の変化を嗅ぎ取っているのではないでしょうか。

トランプ以後の日本外交

トランプが残した爪痕

トランプ大統領が当選したころ、外交通の多くは「そうは言っても大統領のスタッフが実際の政策を進めるのだから」と早くもダメージコントロールを図っていました。実際、冷戦後の政権の中で最も軍の支持を得続けているのは、むしろトランプ大統領かもしれません。日常の外交は、東アジアは殊に米軍によって取り仕切られており、国務省が弱体化しても政策の継続性の砦となっていることは確かです。

しかし、トランプ大統領が残した爪痕はけっして小さなものでないことは明らかです。対北朝鮮融和政策への転換、同盟軽視、貿易と安全保障をリンクさせた脅しなど、根源的な変化が起きています。では、トランプ以後は覆水が盆に返るのか。

ここで、私は決して事態を楽観して時代を読み誤ってはならないと考えています。トランプ現象がもたらしたものは、「冷戦後」の終わりと戦後秩序の終焉でした。前者の、「冷戦後」の終わりとは、米国一極体制から多極による新世界秩序への移行を意味しています。後者の、戦後秩序の終焉とは、西側世界を支え優遇してきた時代の終わりを示しています。私たちは四半世紀に及ぶ米国優位のトレンドが終わった時代、70年余りにわたる西側の秩序が終焉する時代に直面しているのです。

振り返ってみれば、「冷戦後」という時代は過渡期にすぎなかった。何かの終わりによってしか定義できない時代などは、そもそも中途半端な移行期にすぎないのです。

冷戦が終わると、西側世界が旧東側陣営の経済を組み込んでグローバリゼーションが加速しました。敵が消失し、グローバル化が平和を創ると思われたのですが、人の移動による反動が、内政変動という形で返ってくるようになります。そして、経済力で相対的な優位を失いつつあると感じた米国が、自国中心の政策を打ち出します。戦争に疲弊した米国は、もはや帝国が生み出す利益が帝国維持のコストに見合わないと考え始めたわけです。

冷戦後とは、西側の勝利とつかのまの米国単極世界でした。米国は余裕があったからこそ、冷戦後に数々の地域紛争介入に乗り出したのです。ポスト冷戦後とは、米国がもはや介入してくれない時代です。そして、中国の台頭とロシアの軍事的拡張主義を受けて、地域ごとに異なるプレーヤーが権力闘争を繰り広げる新・勢力均衡の時代が到来しつつあります。

戦後秩序の終焉

ではなぜ戦後秩序まで終わってしまうのか。これは、じつは「冷戦後」の終わりと連関しています。第二次世界大戦後、米国は冷戦に備えて傘下の同盟国への投資とコントロールを強めます。日本が比較的寛容な講和条件を得、米国に守られ続けたのも、冷戦の効果によるものでした。西側諸国の安全保障を自国に依存させ、勢力圏維持の足掛かりとしつつ、共栄する。その戦略こそが、冷戦期の西側同盟諸国の優遇をもたらしたのです。

冷戦後、NATO（北大西洋条約機構）は東方に拡大し、米国は引き続き公共財を提供しました。しかし、あくまでも冷戦期の戦略を下敷きにした西側諸国への優遇を持続し、また庇護対象国を拡大していくことにはそもそも無理があったのです。「冷戦後」が終わったことによって、米国が単極世界の維持が不可能であることに気づいたというのが、今起こっている変化の底流にあります。

とすれば、トランプ大統領がいなくなったところでトレンド自体が変化するわけではないことがお分かりでしょう。トランプ大統領が深く地政学や理論を理解しているとは思いません。むしろそのロジックを裏で支えているのは、以前から米国社会に存在してきたインテリの孤立主義的な気分であり、エコノミック・ナショナリズムを持つセクターです。かつてイラク戦争開戦に寄与したネオコン知識人は、トランプ大統領を非難しています。しかし、ネオコンもまたその生みの親であるリベラルから批判された経緯があります。エコノミック・ナショナリズムと結びついた新たな孤立主義には、民主的リベラリズムの要素が低い。その代り、商業的なリベラリズムの要素があとを埋めています。

それは、いってみれば『パイレーツ・オブ・カリビアン』に出てくる「トルトゥーガ」のような無秩序な自由の世界観です。犯罪や暴力が存在し、人生はチャンスもあるけれど、大抵の人の人生は残酷で短い。その中で国民国家の内側は守ろうというのがトランプの世界観のように思います。そしてそれはロシアや中国の世界観と共存可能なものなのです。

トランプ大統領は、人間を「性悪説」で見ていると私は思います。人間は利益によって誘導されるという考え方です。米国の理想を高く掲げるのではなく、利益に基づいて行動するのは「お互い様」だというロジックです。このロジックは、善悪で物事が整理できる時代の終わりを示しています。私たちは相対化の時代に足を踏み入れており、そこでは悪にまみれた平和の方が、正義の戦争よりも好まれるのです。個人的な資質、スキャンダルの表層を超えて、トランプ大統領のロジックがなぜ米国の中間層にささるのか。よくよく考えるべき時に来ています。

米中対立の幻想

米中の覇権争いは、様々な貿易紛争や軍拡競争をもたらすでしょうが、注意が必要です。日本社会はマスコミをはじめ、とかく米中対立を希望する傾向にありますが、そこまで強い対立は日本にとっての利益にもならないし、実際起こりようがないからです。

中国はサラミ・スライシング戦略を用いて徐々に軍事伸長しています。しかし、米国との正面対決を避けつつ、勢力圏を少しずつ伸ばしていく中国を「抑止」することはできません。二つの核大国間での抑止は、大戦争を防ぐためのものであって、中国のような大国が周辺海域を少しずつ侵食していくことを抑止するものではないからです。しかも、米中が決して断ち切ることのできない相互依存関係にあり、冷戦期のような核による大戦争の恐怖が乏しい中でそれができるとも思わない方が良い。

貿易紛争に関しても激しい衝突を見込む見方が優勢ですが、こちらも注意が必要です。経済的に深く相互依存する両国関係においては、短期的なダメージを与えることはできても、もはや関係は切り離せないからです。中国人の対米感情は悪くなく、習近平国家主席の戦略としても持続的な成長を続けるためにはうまく妥協することが合目的的です。翻って、G7は無力化しました。G6は、貿易紛争を起こし、防衛費増大を迫るトランプの前に無力です。米中貿易戦争の話題に盛り上がるより、日本こそ自分の身を心配すべきだろうと思います。西側先進国中最も脆弱な立場に置かれているのは日本だからです

日本の脆弱性

日本は、先進国で安全保障を最も米国に依存している国です。対GDP比では防衛費は1％にも満たない水準です。しかし対米貿易黒字は依然として第二位であり、見逃してもらえる規模の経済ではありません。米国は、日本や韓国が功利主義に基づいて動いていると考えがちです。しかも、その指摘は実際のところ当たっていると言わざるを得ない。

そうしたなかで同盟の信頼性を高めようとすれば、日本の政府は必ず「平和世論」と反米主義に挟まれて、政治的資源を毀損《きそん》する構造にあります。米国に見捨てられる危機感が少ないのも日本社会の特徴です。だから、自主防衛を高めようとしても難しい。

日本は、貿易紛争でも、独自外交でも、米国に譲らざるを得ない構造的立場におかれています。対イラン政策では、長年の独自路線を捨ててイランからの原油輸入を停止せざる

を得ない羽目になり、著しく外交資源を毀損しました。今般の貿易紛争では対抗措置が発動できるとも思えません。日本は、勃興する中国と核保有した北朝鮮の前に、ますます安全保障での対米依存度を深めているからです。

日本がなすべきことは、極端な軍拡でもなければ、反米孤立主義に流れることでもありません。ましてや、中国に依存すればよいということでもありません。大切なのは、脆弱性の穴を埋めていくことです。そして、今後この厳しい安全保障環境が長期にわたって続くトレンドであることを前提に、息切れしない、持続可能な体制作りを急ぐことです。

過去3年を振り返る

戦後秩序が終焉しようとするいま、それがどのように起こりつつあったのかを探る作業もまた有益でしょう。以下に収めた論考には、オバマ政権期の米中関係、トランプ大統領就任直後の日米関係、そして米朝対立が深刻化したときの北朝鮮問題などの考察が含まれています。その都度の状況を見定めつつ書いてきた論考です。いま改めて思うのは、外交は不測の事態もありうるが、やはり構造が大事であるということです。それぞれの地点を振り返ってみたいと思います。

米中関係の行方

（2015年9月25日）

中国の習近平氏が国家主席として初めて公式に訪米したのが2015年9月のことでした。オバマ政権の過去6年強のあいだ、米中関係はおおむね安定しており、特に、首脳会談ということでいくと蜜月の演出が目立っていました。しかし、2015年9月の訪問では、多少、温度感が異なったようです。世界の趨勢に大きな影響を与え、特に、東アジアや日本へ意味合いの大きい米中関係について考えてみたいと思います。

メンツ主義＋「大国関係」

2015年9月の習近平国家主席の米国訪問の構図を一言で言い表すならば、メンツをとった中国に対して、実利をとった米国ということになろうかと思います。中長期的な利益を得た中国に対して、目先の利益で満足させられた米国と申し上げた方が、ニュアンスが伝わるかもしれません。中国外交の実にしたたかな面を改めて見たように思います。

今般の習近平国家主席の米国訪問の最大の狙いであり、近年の中国外交にとっての重要な戦略目標は、中国が言うところの「新しい大国関係」を米国に認めさせることです。これは、ありていに言えば、世界の国々の中で米中だけが、一段高い地位を占める大国であるということです。特別な大国同士として、米中は平等と互恵を旨として関係を築き上げるべきであり、具体的には、西太平洋における中国の勢力圏を認めよということです。台湾、朝鮮半島、南シナ海、東シナ海などの個別地域の問題も、ＡＩＩＢ（アジア・インフラ投資銀行）やシルクロード構想に象徴される世界経済における中国の存在感の問題も、米国と対等の大国となることを通じてセットで解決されるという発想です。このセットという感覚がミソです。

元来からメンツの国である中国は、首脳会談においては特にその傾向が強くなります。国内の言論はコントロールされていますので、基本的に、相手側首脳との握手や乾杯の姿を放映できれば良いということになりがちです。中国は、今回の訪米で、米国から国賓待遇やホワイトハウスでの晩餐会という厚遇を得ていますので、すでに、目的の過半は達成しています。従来からのメンツ主義に加えて、新しい大国関係という枠組みを作ることで、個別の懸案は、後からでも中国に有利に解決できると感じているのです。

もちろん、米国もこの点はわかっていますので、中国のレトリックにそのまま乗っかることはしていません。ただ、米国は自国が本当の危機に直面するまではギブ・アンド・テイクで取引を進める国でもあります。今回も、米国から見れば実務的な課題が山積みですから、晩餐会を開くくらいで、人民元の切り下げ問題に対して中国政府が妥協するのであれば安いものだ、となるわけです。ましてや、オバマ政権は2期目も後半に入ってレイムダック化しています。上下両院を野党共和党に握られて内政上大きな動きは取れません。大統領に大きな権限が与えられている外交分野で功を焦り、レガシー・ビルディング（＝政権の遺産作り）にいそしんでいます。そのためには、中国に対しても一層宥和的となるということです。

具体的な懸案事項

では、米国から見た懸案にはどのようなものがあるかと言えば、そのリストは長大なものとなります。中国が、いかに国際社会において大きな存在となっているかを物語るものです。これらの課題の多くは、同時に世界にとっての課題であり、日本にとっての課題でもあるのです。飛行機を300機購入するというのは、中国の購買力を象徴しているという意味では面白いニュースですが、より本質的な論点を三つほど取り上げたいと思います。

第一に、最も注目を集めている中国からのサイバー攻撃についてです。サイバー空間は21世紀の国家覇権を争う最先端の戦場となっています。その戦場において、中国から攻撃があったということですから、かなり深刻な告発です。その実態については、わからないことが多いのですが、明らかにできないことも多いようです。サイバー攻撃の一番の狙いは情報の盗取ですから、どの程度の攻撃があったのか、どのくらいの被害があったか、などは国家機密として秘匿されます。

一部の報道や専門家筋から提起されているのはサイバー攻撃の傾向に変化が見られるということです。サイバー攻撃そのものは新しい現象ではありません。軍事機密や経済機密の管理は国益に直結しますから、これまでの攻撃は重要情報の管理者に集中してきました。それは軍事施設であり、政府機関であり、先端企業などです。ところが、最近話題となっているのは、一般公務員や一般人の情報が攻撃対象となっていることです。

ここで重要となるのは、対象としている情報の秘匿性というよりは、大量の情報を利用する目的の方です。いわゆるビッグデータの情報処理技術を通じて、一つ一つは重要性の低い雑多な情報の中から重要な意味を紡ぎだすことができるようになりました。例えば、あるパターンの通話記録や決済記録を通じてスパイとして養成できる候補者を見つけ出すことが可能となるという風に。

米国内の政治的な盛り上がりという意味でも、この変化は重要です。これまでは、とかく専門的になりがちであったサイバーセキュリティーの問題が急速に身近になったのです。外国政府が自分達の情報を違法に収集し、利用しているかもしれないということで、米国民の間にこの問題の「自分事《じぶんごと》化」が進行します。国民の関心をかぎ取ったメディアも政治家もこの問題をより大きく取り上げるようになり、再び関心が高まるというサイクルが回り始めたのです。

第二の懸案は、中国の経済構造改革についてです。この問題は、多様な論点を含んでいますが、一言で言えば、中国の経済運営を国際的な基準に基づいて行うことを迫るものです。最大の目的は、中国の国内市場での外国企業、米国企業への不利な取り扱いをやめさせることです。

習近平国家主席が西海岸のハイテク企業を訪問したので、ハイテク業界が注目されています。世界中の市場で大きな存在感をもつGoogle、Amazon、Facebookなどは中国では周辺的な存在に留まっていますので、そこには一つの象徴性があるでしょう。それ以外にも、金融、ヘルスケア、航空・宇宙、エンターテインメントなどの米国が圧倒的な強みを有する分野における市場開放です。

人民元の切り下げ問題も広くはこの文脈で理解されています。株価が乱高下し、減速が懸念されている中国経済のテコ入れのために、自国通貨を切り下げて輸出を伸ばそうとするのは認められないと。通貨の切り下げ問題は、米国産業の空洞化とセットで理解されているところがあり、２０１６年の大統領選挙においても政治性を帯びた論点として登場しています。引き続き注目されることでしょう。

第三の点が、南シナ海や朝鮮半島における安全保障の問題です。日本では、この点が注目されていますが、米中関係全体からするとそれほど大きな地位を占めているとは言えないでしょう。ここで最も懸念されているのは、例えば南シナ海において米中の間で偶発的な衝突が生じてしまうことです。米中の直接衝突が懸念されるのはもちろんですが、逆に言うと、中国の長期的な勢力伸長が問題の核心とは認識されていないということでもあります。

中国が、国際法上の正当性とは違う次元で南シナ海のほぼ全域に対する主権を主張していることは、つい最近まで、東アジア専門家以外にはあまり知られていませんでした。今日でも、政権中枢にとっての主要テーマとまでは言えないでしょうが、現場での対応は多少厳しくなっています。中国との宥和路線を貫いていた政権中枢がようやく現場の懸念に応えたというのが実態のようです。

21世紀日本のフラストレーション

今回の習近平国家主席の訪米や、短期的な論点を超えて、米中関係とはどのような構造にあるのでしょうか。このような視点は日本にとって特に重要です。短期的なニュースに振り回されることなく中長期の視点を失わないことは、日本が生きていく世界を知ることにつながるからです。

国際政治の専門家の間では、この問題が我々の世代にとっての最も重要な問いであるとされています。彼らはほとんど始終この問題について考えていると言ってもいい。

具体的には、米国の覇権は終焉を迎えるのか、中国が覇権を握ることはあるのか、米中の覇権交代が起きるとしてそれは平和裏に行われるのか、などの問いです。そこには、様々な論点が含まれています。米中の能力の問題、米中の意思の問題、そして周辺国との関係性についてなどです。その中でも、私が重視すべきと思うのは、中国の能力の問題と米国の意思の問題です。

中国の軍事能力について、軍事的に、米国と肩を並べるまでには数十年かかると言われています。私も、それはおそらくそうだろうと思います。ただ、米国と肩を並べることと、米国を含む周辺国にとって十分な脅威になることとは同義ではありません。米国と肩を並べずとも、米国に十分な犠牲を想起させることで米国の意思を砕くことはできます。例えば、米国と同レベルの航空戦力やミサイル戦力を有せずとも、南シナ海や東シナ海において脅威となることは可能です。また、特定の戦力を研ぎ澄ますことで、米国の戦略を突き崩すことも可能です。サイバー戦や宇宙戦の重視にはそういう戦略的意味があります。

中国の経済的な能力についても、発想は似ているかもしれません。経済の規模として中国が米国を凌駕するのは、もはや、時間の問題です。世界最大の経済大国が中国となった世界にどのようなダイナミズムが働くのか、それはそれで想像力を刺激するものです。

他方で、世界経済の質の面で米国を凌駕することは当分の間想定し得ないでしょう。産業の趨勢をきめるイノベーションについても、人々の考え方や文化の在り方を方向付けるソフトパワーについても、米国と米国企業の存在感は圧倒的です。中国発のITサービスを利用することで人々の生活が変わったり、中国発の薬品によって難病を治療したり、中国発のエンターテインメントによって世界の人々の思考パターンが変化することがあり得るのか。このような経済の質的な側面において、米国の地位が揺らぐ状況は当分の間想定し得ないでしょう。

この中国の能力の側面と対をなすのが、米国の意思の問題です。単純化して言うと、米国民は中国をそれほどの脅威として認識していないということです。この点は、日本国民の認識と大きく異なります。米国民の多くには、中国は大きくはなるかもしれないけれど、米国中心の世界は揺らがないという信念があるようにさえ思えてきます。

加えて重要なことは、米国民には中国に対する憎しみの感情が希薄だということです。これは、冷戦時代のソ連や共産主義に対する恐怖心や憎しみと比べると明確でしょう。そもそも、一般的な米国人にとっては、中国の存在自体がまだまだ小さいということです。

日本への意味合いということでいくと、中国の目指す「新しい大国関係」の影響を最も受けるのが日本です。米中で太平洋を分割することに対して最も本質的な危機感を有しているのが日本であり、その他には、オーストラリアやフィリピンなどの海洋アジアの国々でしょうか。韓国にしてもベトナムにしても、大陸に位置する国は中国の支配に反発はしても、それをうまく受け流しつつ生きてきた歴史を有しています。これらの国にとって、中国の覇権は耐えられないものではなく、想定内の歴史的現実だからです。

日本が生きていく21世紀という時代は、米中両大国の関係に影響を与えることはほとんどできないけれど、そこから多大な影響を受けるという世界です。それは、日本人にとっては、フラストレーションを感じる歯がゆい世界であるだろうと思います。日本の歴史の中で、米中両国程日本に影響を与えた国はないでしょう。振り返ってみたとき、日本という国は、影響は受けても取り込まれることはなかったことでユニークさを保持してきました。

我々世代が直面する目前の変化は中国の台頭です。中国の台頭に、脅威としての側面があることは否定できませんから、それを過小評価することはできません。もちろん、過大評価することで、それだけにとらわれることも間違いです。米中関係を適切に観察することは、これからを生きる日本人にとって最も重要な技能となっていくことでしょう。

トランプ大統領との付き合い方

（2017年2月11日）

2017年2月、第一回の公式な日米首脳会談が終了し、安倍総理が帰国しました。トランプ政権については、選挙戦のさ中には様々な問題発言がありましたし、予測可能性の極めて低い政権であるだけに、まずは一安心というところでしょう。日米同盟に対する当座のリスクが取り除かれたというだけでも、喜ばしいことです。

トランプ大統領は、安保については尖閣諸島への日米安保の適用を明記し、南シナ海の航行の自由や北朝鮮問題が米国にとっても優先課題であると述べました。在日米軍駐留の負担増をめぐる発言は行われず、在日米軍を受け入れてくれている日本国民に感謝の言葉を述べるというリップサービスまでついてきました。

経済については、懸念されていた自動車産業をめぐる暴言もなく、為替操作国認定をされるような場面もありませんでした。現時点で期待し得るものとしては、満額回答であったと言えるでしょう。週末に出演した報道番組で「ホームラン」という言葉を使ったら、周囲も驚いていましたが、成果は成果として評価すべきと思っています。

運も実力のうちなのかもしれませんが、安倍政権はつくづく強運な政権です。実は、総理外遊の影で、足下の国会は荒れていました。共謀罪をめぐる法相の国会答弁は単にレベルが低いだけですが、稲田朋美防衛相の国会答弁は深刻な問題を孕《はら》んでいました。

自衛隊の南スーダン派遣をめぐって、現地からの報告に「戦闘」の文言があるのを必死にごまかそうとしているのです。数百人規模の死傷者が出る「戦闘」が起きていたにもかかわらず、法的には「戦闘行為」ではなく、「武力衝突」であると。憲法9条上の問題とならないように言葉遣いには気を付けるべきであると大臣が答弁し、その結果として、統幕長に指示を出しているのです。要は、現場の危険を承知の上で、嘘の報告を上げろと言っているのです。

この問題は、戦後自民党政治の最も醜いところをこれ以上ないくらいに戯画化してくれています。本来であれば、政権崩壊級のチョンボだと思うのですが、「ゴルフ外交」の成果のおかげで、マスコミの追及も緩いわけです。

今回の日米首脳会談を通じて分かったことは何でしょう。一回の首脳会談の成否よりはるかに重要なのは、その政権の意思決定の構造を理解することです。トランプ政権には、変な輩が吸い寄せられている部分がありますから、この点は特に重要でした。今回はっきりしたことは、日常の東アジア外交を仕切っているのは、軍との関係が濃厚なプロ達であるということでしょう。具体的には、直前に日韓を訪問したマティス国防長官やフリン安全保障担当大統領補佐官のラインです。

日米首脳会談の直前には、米中首脳による電話会談が行われており、政権発足以前から物議を醸《かも》していた「一つの中国」原則をトランプ政権が確認したと報道されました。同盟国を重視し、中国や北朝鮮の安全保障上の脅威には懸念を示す。ただし中国の核心的な利益は認め無用に対立は煽らない。極めて常識的、共和党的な回答に落ちついたわけです。

ホワイトハウスの中枢に陣取る保守イデオローグ達の主要な関心は、国内の雇用であり、移民・難民問題であり、中東情勢であるということでしょう。東アジア外交への関心は相対的には低く、平時である限りはこの構造が続くのではないでしょうか。

イギリスとの比較

日米首脳会談について客観的に評価しようとするとき、比較対象として面白いのが英国です。英国のメイ首相は、安倍総理に先立って、米国の第一の同盟国として首脳会談を行っています。ユーラシア大陸の両端に位置する島国として日英には地政学的な共通点があります。日米英の政権がともに保守勢力によって担われ、大陸欧州諸国と比較して、日英では対米世論が緩やかであるという点も、比較する際に重要な視点です。

ドイツのメルケル首相やフランスのオランド大統領がトランプ政権と距離を置かざるを得ないのは、国内に強い反米世論を抱えているからです。安易にトランプ政権に近づこうものなら、国内でボコボコにされるわけです。その点、日本の世論は英国に輪をかけて安倍総理に寛大です。日本国民は、トランプ氏についていろいろと文句は言っても、日本の総理が並外れて厚遇されて、一緒にゴルフを楽しんでいるだけでなんだか良い気分になるようですから。

日英の両首相が、トランプ政権にグローバル経済の重要性を切々と訴えていた姿も印象的でした。メイ政権については、英国がEU離脱を決めたことで発足した政権だけに、グローバリゼーションに反対なのではないかとの報道も見られますが、全く間違っています。英国民が否定したのは、グローバリズムの諸要素の中でも、ヒトの移動に関する部分です。つまり、移民・難民政策における国家主権の回復を欲したのであって、グローバリゼーションそのものを否定したわけではありません。

むしろ、米英首脳会談の直前に行われたメイ首相のEU離脱をめぐる政策演説では、英国をよりグローバルにするのだと宣言しています。英国は中途半端な形でEUに残ることはしないと。英国が重視するのは、金融、ハイテク、農業などの産業です。英国は、EU主導の細かな経済規制から逃れて、これらの産業をグローバルに展開していくのだと言っているのです。

英国は特にドイツと比較して出生率も高く、G7諸国の中でも米国に次いで相対的に高い経済成長を実現してきました。21世紀半ばには、ドイツを凌駕して再び欧州最大の経済大国になるという試算もあるくらいです。英国のエリート達にとって、EU離脱の国民投票結果は確かに誤算だったとは思うけれど、メイ政権はそれを好機として、自信をもって国家主権によってコントロールされたグローバル化を推進しようとしているのです。

実は、日本の立場もそれほど異なりません。日本は、移民難民をほとんど受け入れていない国ですし、主権を制限することに極めて懐疑的です。現に、アジアにおける多国間の枠組みは低レベルに留まっており、日本政府も「お付き合い」はしても、アジアの統合を主導するような動きはほとんど見せてきませんでした。それでいて、日本経済も日本企業もグローバル経済なしでは生きていけません。今回の日米首脳会談でも、日本政府が一番気をつかったのはTPP的なるものを何とか残そうという部分でした。日本の総理が、米国大統領との首脳会談後の記者会見でグローバル経済の重要性について訴えている姿は、なかなかにシュールな印象ではありましたが。

麻生副総理―ペンス副大統領ライン

首脳会談で合意された、麻生太郎副総理―ペンス副大統領のラインで経済問題について討議するというのは悪くないしつらえであると思います。まず、トランプ氏の思いつきと、80年代的な発想で日米経済問題を語られてはたまりませんので、「その問題は麻生―ペンスのラインでやっています」と言えることが重要です。

ペンス副大統領は、より常識的な共和党の政治家ですから、交渉には難しい局面もあるでしょうが、妙な曲球が飛んでくることはないでしょう。インディアナ州という日本企業もそれなりに進出している州の知事経験があるのもプラスです。米国内政の現実を踏まえれば、TPPがそのままの形で復活することはあり得ないけれど、TPP的なものを残す努力は非常に重要です。

TPPの意義は、モノの貿易に加えて、サービス分野や国内経済規制分野にも国際的な共通原則を適用して、経済の活性化を図ることです。日米が共同して圧力をかけることで、特に東南アジア諸国の市場をよりオープンにし、中国主導の腐敗が蔓延する国家資本主義の伝播を食い止めることです。日本からすれば、米国抜きTPP発効の芽を残しつつ、保護主義に傾きがちなトランプ政権と日米FTA（自由貿易協定）交渉を行うことで、日本経済の生命線である米国市場へのアクセスを維持することが重要です。

加えて、日米交渉には安倍政権の存在意義の核心に迫るテーマでもあります。安倍政権が国民から高い支持を得ている背景には、経済運営への信頼感があります。ただ、政権の三本の矢のうち、三本目の構造改革が進んでいないのは周知のこと。というのも、三本目の矢の最大の要素がTPPだったからです。そして、日本国内の改革を進めるためには、TPPに代わる黒船が必要というわけです。現に、TPPの実現可能性が遠のいたことで、小泉進次郎氏が主導した農業改革は完全に骨抜きです。医療・介護分野での改革も、労働分野での改革も大玉は全く進んでいません。

筋の良し悪しは別にして、戦後の日本は、論争的な国内改革を外圧を使わずには実現できない国になってしまいました。憲法9条に象徴される一国平和主義が「戦後レジーム」の一つの柱であるとすれば、経済改革における外圧利用というのがもう一つの柱なのです。安倍政権が前者を憎み、後者を引き継いでいるのは少々皮肉なことですが、現実問題として今の日本にはそれ以外の選択肢がないのでしょう。

政権の地が出るとき

日米関係について、今後も、難しい局面はあるでしょう。しかし、新政権との関係づくりにおいていいスタートを切ったことは歓迎すべきことです。人間関係でも、同盟関係でも、関係が試されるのは有事においてです。トランプ政権は、有事においてどのように行動するのか、この点は引き続き読めません。有事にこそ、政権の「地」が出るものです。

であるからこそ、有事を現実的に想定して政権の枢要なメンバーとの意思疎通を図っておくことが重要です。東アジアチームの話の分かるプロ達だけでなく、ホワイトハウス中枢のイデオローグ達や大統領の親族達との関係です。その点、安倍総理の手腕には見るべきものがあったということでしょう。

私なりに注文を付けるとすれば、せっかく獲得した信頼と影響力を意味のある方向で使ってほしいということです。いろいろある中で、訪問中に発射されたミサイル実験が象徴するように、最大のものは北朝鮮問題だと思っています。

日本が15年来言っている「対話と圧力」というのは、もはや意味内容のない呪文になってしまっています。安倍総理をその座に押し上げたのは、拉致問題に対してとった毅然とした姿勢です。であるからこそ、総理には問題を解決する道義的責任があります。

対話と圧力は、「融和と軍拡」に格上げし、双方向で踏み込むべきです。まずは、非道な国家であることはいったん飲み込んで国交正常化交渉を進める。その上で、中国が抜け穴を提供することでほとんど効果をあげていない経済制裁には見切りをつけて、的を絞ってこちら側も軍拡を行い、かつ軍事的圧力の強化を行うべきです。

21世紀の国際的な勢力図を決定づける「宇宙戦」、「サイバー戦」の分野では、日米が腰を落ち着けて長期的な協力関係を構築する。日本の国防費と自衛隊の役割を段階的に拡大していく。優先して国内的な整理を行うべきは、敵基地攻撃能力の獲得と、非核三原則の見直しと思っています。核武装論自体は、時間をかけて、日本の民主主義が判断すべきテーマです。それとは別に、核を「持ち込ませず」については早期に見直し、NPT（核拡散防止条約）体制とも整合する形で核共有に向けて踏み出すべきだろうと思います。

外交とは、自国の安全と繁栄を担保するために相手国の意思に働きかけることを言います。トランプ政権の登場によって、世界は変化の速度を上げていくはずです。信頼関係を築いた後に、進めるべき課題に取り組むべきときでしょう。

北朝鮮を正しく恐れる

（2017年4月24日）

北朝鮮をめぐる情勢が緊迫の度を増しています。一部報道によれば、新たな核実験の可能性や、その他の挑発の可能性が取り沙汰されています。米国側からの先制攻撃が近いという観測もあり、あたかも戦争前夜であるかのような雰囲気です。

仮に、米側に先制攻撃の意図があるとしても、それは軍と政権の深奥部にしか明かされませんから、外から窺い知ることはできません。現状の情報でもって、事態を煽っている「専門家」たちは、たいした根拠を持ち合わせないでやっているのです。こういう時こそ、構造に目を向け、歴史に目を向ける以外に、我々に術はないのです。

結論から言えば、私は米国の側からの先制攻撃はないと思っています。安保は確率をめぐるゲームですから、可能性は極めて低いという表現が適切でしょう。

根拠は何か。まず指摘すべきは、米国が核保有国を先制攻撃したことは過去一度もないという歴史的事実です。冷戦中も、冷戦後も、米国はいくつもの先制攻撃を行ってきたけれど、核保有国に対するものは一つもありません。それは、どんなに貧弱な相手であっても、核保有を完成させた後の攻撃には、計算しがたいリスクが伴うからです。

トランプ政権は、米国が攻撃に踏み切るためのレッドラインを明確にしないという方針をとっていますが、バカげた話です。そんなものはとうの昔に過ぎているのです。核実験を行い、核武装が現実化した段階がレッドラインだったにもかかわらず、オバマ政権期の米国は「戦略的忍耐」という意味不明の呪文を唱えて無為に時間を過ごしたのでした。

最近のトランプ政権の圧力強化は、したがって、オバマ政権期の積極的否定という文脈で理解すべきです。オバマ政権の否定という政治的動機がまず存在して、その上に軍主導で圧力強化の具体策が立案されているのです。それは、過去8年間に、安全保障重視派や軍がやりたかった政策でもあります。圧力の第一の目的は、中国から意味のある行動を引き出すことであり、第二の目的は北朝鮮から直接的な妥協を引き出す可能性を模索しているということでしょう。

米側からの先制攻撃がないと考えるもう一つの理由は、米国政治に存在する外交・安保政策をめぐる諸派を考えたとき、攻撃に至るシナリオを想定しにくいという点です。これらの諸派が重視する点と、現在の政権における影響力を見ていきましょう。

「軍派」主導の政策転換

トランプ政権は、2017年にシリアのアサド政権による化学兵器使用に対して懲罰的に巡航ミサイル攻撃を行いました。トランプ政権によるこの武力行使は、まずは単体で中東政策の重要な一手として理解すべきですが、二重の意味で北朝鮮政策ともシンクロしています。第一は、政権における外交・安全保障政策の主導権が軍出身の専門家やクシュナー氏などに移りつつあるという点。第二は、中国への圧力を最大化するために、米中首脳会談にぶつけられたという点です。これらの点については、識者によって繰り返し指摘されているところです。

むしろ、理解が進んでいないのは、米国の外交・安保政策を動かす諸派をめぐる考え方の基層の部分です。現在のトランプ政権について最も力を持っていると思われるのは、「軍派」とでも言うべき人々です。軍そのものや軍出身の高官などから構成され、米国や米軍への直接的脅威や危険を最も重視します。

彼らにとって、シリア攻撃の理由はあくまで化学兵器の使用に対する懲罰です。化学兵器使用へのハードルが下がることが、米国や米軍にとって大きな脅威だからです。彼らの最大の懸念は、大量破壊兵器の拡散です。化学兵器利用の非人道性については、もちろん懸念は表明するけれども、攻撃の理由としては二義的なものです。

北朝鮮政策で重視しているのは、米本土を射程に収める形での核兵器の実戦配備は絶対に許さないという点です。軍からすれば、在韓米軍や在日米軍への危険が高まる前に、北朝鮮への圧力を本格化させたかった。けれど、2006年の中間選挙に惨敗したブッシュ政権後期からオバマ政権期までの10年間を、無為無策で過ごす間に、北朝鮮の核が完成してしまったわけです。そうなってしまった以上、米側からの先制攻撃は、日韓両国は当然として、米軍にとってもリスクが高い。よって、彼らの発想からすれば、圧力は強化するけれども、先制攻撃は行わないというのがメインシナリオになります。

もう一つ理解すべきは、米国で新政権が誕生した際に行われる試行錯誤のプロセスです。朝鮮半島をめぐる安全保障上の危機は、既に何十年も続いています。特に冷戦後に政権の座についた新大統領、あるいは新国防長官はたいてい北朝鮮に対する攻撃計画について報告を求め、そして、啞然とするというパターンを繰り返してきました。なぜなら、そこに冷戦期さながらの旧態依然とした作戦計画が記されているからです。

米兵が千人単位で戦死する可能性があるとか、ソウルが火の海になって世界経済が大混乱に陥るとか、中国の参戦を阻止するためのポイントは何かなど、現在の政権が到底容認できないようなシナリオが並んでいるわけです。「おいおい、そんな馬鹿なことがあるか」となり、「現代戦に適合した作戦計画を持ってこい」となるわけです。ところが、効果的な案が立案できないのです。

北朝鮮軍は確かに脆弱です。しかし、弱者なりの適応を進めてきてもいる。ソウルを火の海にするのは砲撃によってです。これは、かなりローテクなものであり、地下施設や山の横穴から撃たれてはほとんど防ぎようがありません。通常戦力での圧倒的劣勢を補うためのミサイル及び核戦力が強化されており、大陸間弾道弾や潜水艦発射型の攻撃力は道半ばとしても、日本全域を射程に収める中距離弾道弾は実戦配備済みです。

そもそも、北朝鮮軍の相当部分は特殊部隊であり、有事に際して中央からの指揮命令系統が遮断されたときにどのような動きをするのか予想がつかない。金正恩のいわゆる「斬首作戦」が成功して、平壌を占領したとしても、どのような経過をたどって停戦や休戦が成立するのか誰にもわからないのです。組織的な戦闘が終結した後、何年にもわたってゲリラ戦が継続する可能性があるのです。

軍派の人々は、世界中で実戦を文字通り戦いぬいてきたリアリスト達ですから、以上のようなシナリオを誰よりも理解しています。この瞬間に米国の安全保障政策を主導しているのはこのような発想を持つ人々であり、彼らが冒険主義的な強硬策をとる可能性は低いと想定すべきです。

アメリカ外交・安保の勢力図

もちろん、軍派というべき人々以外の派閥も存在します。軍派の次に影響力があるのは、安保重視の「帝国派」とでも言うべき人々でしょう。彼らが最も重視するのは、国際社会における米国の総合的なプレゼンスです。それは、イラク戦争を主導し、アフガニスタン戦争を拡大した人々です。共和・民主双方の主流派に属するいわゆるエスタブリッシュメントであり、ヒラリー・クリントン氏も、議会共和党の重鎮たちも、ペンス副大統領も、このグループに属します。

シリアや中東全体については、ロシア主導で中東の地図が塗り替わっていくことに懸念を覚えていました。イスラーム国の跋扈についてももう少し踏み込んだ政策をとるべきと考えていましたから、ミサイル攻撃については評価する方向です。もちろん、トランプ政権と内政において対立している部分がありますから、実際に「評価する」と明言するかどうかは別ですが。

悩ましいのは、彼らエスタブリッシュメントの下で、北朝鮮政策は捨て置かれてきたという事実です。米国の国益の優先順位として、中東と欧州が優先されるという下地の上に、韓国と日本という米国の同盟国が米国の強硬策を嫌忌するという現実がある。その中で生み出されたのが、中国に下駄を預けるという消極策でした。そんな政策が効果を上げるとは彼ら自身も思っていないのだけれど、既定路線となってしまった、茶番でした。

したがって、彼らが主導権を握ったとしても、北朝鮮政策で先制攻撃が行われる可能性は低いと思います。米国にとって朝鮮半島は、状況が悪化しない限りは捨て置く地域なのです。

次に、近年だいぶん影響力を低下させてはいるものの、民主党の真ん中から左や福音派の一部に存在するのが、「リベラルなタカ派」です。彼らが最も重視するのは、自由・民主主義・人権などの価値観です。人権を侵害される対象が、白人であったり、キリスト教徒であったりすると影響力が増すという傾向もあります。戦後日本的な発想からは、リベラルなのにタカ派であるということがなかなか理解されないのですが、昔から存在する理想主義の一部です。

北朝鮮はおそらく地球上に存在する最悪の人権蹂躙《じゅうりん》・独裁国家ですから、彼らの発想に忠実であれば、金正恩体制を倒して北朝鮮国民を解放すべきということになるはずです。ところが、ここで地域・人種・宗教という現実が効いてきてしまう。北朝鮮の人々は確かにかわいそうなのだけれど、彼らは遠い存在なのです。リベラルと自称する人々が本当に普遍主義的な義憤を持っているのかについては人間性の本質に宿る難問です。往々にして人間は、自分と似ている人、自分の好きな人々に対してしか強い憤りは感じられないもの。北朝鮮をめぐる情報が限られているという現実もあり、米国内で人権を大義名分とした北朝鮮への介入論が高まっている状況にはないわけです。

最後に紹介したいのが、トランプ政権の登場によって注目されるようになった「オルタナ右翼」の人々。代表的な人物は、内政案件で何かと物議を醸し、外交安保政策からは外されつつあるバノン大統領上級顧問（17年8月に解任）。政権内の影響力は低下傾向ですが、トランプ政権の支持者の中では大きな存在感を持っており、2018年の議会中間選挙が近づくにつれて影響力を回復していくでしょう。

彼らの関心は、国内の経済と雇用です。外交・安保については、テロ対策、難民対策、不法移民対策など、内政の重要テーマと直接的に結びつく分野は重視するけれど、全般的には関心が低いわけです。イラク戦争についても、介入の大義、戦線の泥沼化、国としての優先順位のそれぞれの次元で懐疑的でした。

ましてや、アジアへの関心はさらに低い。多くは、北朝鮮の変な独裁者への対応は中国や韓国や日本が勝手にやってくれと思っています。米国にとって、中国がライバルである一方で、日韓は同盟国であるという知識も関心もあまりないわけです。彼らは、シリアへのミサイル攻撃にも懐疑的であるし、それ以上に北朝鮮への介入には懐疑的です。

解はない

以上見てきたように、米国に存在する外交・安保の諸派が重視する点や、政権内の影響力を総合すると、米側からの先制攻撃の可能性は低いことがわかるのではないでしょうか。しかし、私は現状が危険でないと言いたいわけではありません。ずっと危険だったと言いたいのです。

しかも、北朝鮮の側からの暴発の可能性はいつだってあり得ます。金正恩体制にどのような情報が集められ、どのようなプロセスで意思決定が行われるのか、本当のところは誰にも分らないからです。

北朝鮮はすでに核保有国です。約20発の核弾頭を保有するという情報もあり、米国による先制攻撃が仮に成功したとしても、地下軍事施設と潜水艦搭載を通じて（能力はまだ低いものの）第二撃能力を持っていると言われています。であるからこそ、ティラーソン国務長官（18年3月に解任）も、マクマスター安全保障担当大統領補佐官も事態の鎮静化と、平和的手段を通じた解決を強調しています。米政権が軍事オプションを封印することはあり得ませんが、実戦の可能性はその点を踏まえて検討されるべきです。

では、日本には何ができるかという点ですが、これが大変難しいのです。実は、解はないと思っています。軍事オプションが現実的でないとしても、外交オプションにもそれほど期待はできないからです。人間は、解はないという重みに耐えきれなくなると、ついつい偽りの解を求めてしまいます。

米国も日本も、「中国だけが北朝鮮をコントロールできる」という、能力の面からも、意思の面からも相当に怪しい命題に希望を託してきました。それは、北朝鮮という東アジアにおける短期的危機を、中国の台頭という長期的な危機を高める形で解決しようとする筋の悪いアプローチです。その政策が大失敗であったことは、過去20年間の間に半島情勢がなんら改善していない点からも明らかでしょう。

そもそも、北朝鮮政策をめぐる軍事オプションについて、日本は一人前の主体ですらありません。私は、現状の「対話と圧力」を、「国交回復交渉と防衛力増強」へとバージョンアップさせるべきと申し上げてきました。さらに日本も核抑止への当事者となるために、非核三原則のうちの「持ち込ませず」を撤回すべきと思っています。

終わりに

2015年初頭に『日本に絶望している人のための政治入門』を出版したとき、私は34歳でした。この3年間、世界は大きく揺れ動きました。そして、日本では安倍長期政権の中盤が展開します。ブログ「山猫日記」に書き溜めた3年分の記事。それを振り返る過程で、実はこれは私の3年間を振り返るものでもあったことに気づきました。

前著が、「絶望」と言いつつもアウトサイダーの若者の目線で変化を強く求めるものであったとすれば、この本は3年間の私の経験を通じて、よりリアリズムが行き過ぎた部分があるかもしれません。この3年、日本政治には安倍政権が安定的に存在するなかで、数々の野党の一時的な勃興と離合集散があり、2回の国政選挙が行われました。小池百合子旋風も一時的に吹きました。しかし、2018年の9月現在、日本政治はこれまでにないほどの停滞に陥っています。そして、いまでは私も3年前よりその理由が深く分かっているところがある。

安保法制のときに、その都度発信してきた思いは、いま読み返しても伝えたいという思いが強く感じられる文章になっていました。憲法改正についても、守るべきもの、変えるべきものについて私の信念は変わりません。

ただし、虚無がすぐそばに近寄ってきていた時期があったことも自覚しなければならないでしょう。それは、野党や自民党内対抗勢力への度重なる失望であり、変化しない日本に対する苛立ちであり、変化を求めたときの現実のオルタナティブに対する幻滅からくるシニシズムでもあったかもしれません。選挙報道に携わるようになって、2016年の参院選で感じた不発感、2017年の衆院選の過程において感じた呆然が、私の言論を強く拘束したところがあります。

しかし、考えてみればそこまで現実政治に強く影響される必要はなかったのではないかと思います。私たちは漸進主義の日本のエリートや政府と、急速に少子高齢化が進み老いゆく国家を抱えて、戦後秩序のあとの激動の時代に心細く乗り出そうとしている、ただそれだけなのです。心細いかと問われれば、かなり心細い。怖いかと言えば、かなり怖い。けれども、私の出発点は変わりません。「コンパッション」(共感)とは、本質的には理解不能な他人に対して、手を差し伸べて交信しようという努力です。そして、評論とは、公平に物事を見ることによって成り立つのだと私は考えています。娘が大きくなって、今の時代について問われたときに、残すべき評論は何か。政治の焦点とは何か。私はそんな話を、皆さんにお伝えしたかったのです。

２０１８年9月16日

岸和田だんじり祭りのあとに、残暑の京都にて

三浦　瑠麗

三浦瑠麗（みうら　るり）
国際政治学者。1980年茅ヶ崎市生まれ。東京大学農学部卒業、同大学院法学政治学研究科修了（博士〔法学〕）。東京大学政策ビジョン研究センター講師。著書に『日本に絶望している人のための政治入門』（文春新書）、『シビリアンの戦争——デモクラシーが攻撃的になるとき』（岩波書店）、『「トランプ時代」の新世界秩序』（潮新書）がある。

文春新書

1186

あなたに伝《つた》えたい政治《せいじ》の話《はなし》

2018年（平成30年）10月20日　第1刷発行
2018年（平成30年）11月5日　第2刷発行

著　者　三浦瑠麗
発行者　飯窪成幸
発行所　株式会社　文藝春秋

〒102-8008　東京都千代田区紀尾井町3-23
電話（03）3265-1211（代表）

印刷所　理想社
付物印刷　大日本印刷
製本所　大口製本

定価はカバーに表示してあります。
万一、落丁・乱丁の場合は小社製作部宛お送り下さい。
送料小社負担でお取替え致します。

ISBN978-4-16-661186-7

◆政治の世界

- 日本人へ リーダー篇　塩野七生
- 日本人へ 国家と歴史篇　塩野七生
- 日本人へ 危機からの脱出篇　塩野七生
- 新しい国へ　安倍晋三
- アベノミクス大論争　文藝春秋編
- 小泉進次郎の闘う言葉　常井健一
- 女子の本懐　小池百合子
- 国会改造論　小堀眞裕
- 日本国憲法を考える　西　修
- 憲法改正の論点　西　修
- 憲法の常識 常識の憲法　百地　章
- 日本人が知らない集団的自衛権　小川和久
- 拒否できない日本　関岡英之
- 民主党が日本経済を破壊する　与謝野　馨
- 司馬遼太郎 リーダーの条件　半藤一利・磯田道史・鴨下信一他
- 小沢一郎 50の謎を解く　後藤謙次
- 財務官僚の出世と人事　岸　宣仁
- ここがおかしい、外国人参政権　井上　薫
- 公共事業が日本を救う　藤井　聡
- 日本破滅論　藤井　聡・中野剛志
- 大阪都構想が日本を破壊する　藤井　聡
- 「スーパー新幹線」が日本を救う　藤井　聡
- 体制維新——大阪都　橋下　徹・堺屋太一
- 「維新」する覚悟　堺屋太一
- 地方維新vs.土着権力　八幡和郎
- 仮面の日米同盟　春名幹男
- 日米同盟vs.中国・北朝鮮　リチャード・L・アーミテージ・ジョセフ・S・ナイJr・春原　剛
- 「反米」日本の正体　冷泉彰彦
- テレビは総理を殺したか　菊池正史
- 安倍晋三「保守」の正体　菊池正史
- 決断できない日本　ケビン・メア
- 自滅するアメリカ帝国　伊藤　貫
- 郵政崩壊とTPP　東谷　暁
- 原発敗戦　船橋洋一
- 21世紀 地政学入門　船橋洋一
- 日本に絶望している人のための政治入門　三浦瑠麗
- 21世紀の日本最強論　文藝春秋編
- 政治の修羅場　鈴木宗男
- 政治の眼力　御厨　貴
- 政治の急所　飯島　勲
- 特捜検察は誰を逮捕したいか　大島真生
- 情報機関を作る　吉野　準
- 国のために死ねるか　伊藤祐靖

文春新書好評既刊

池上　彰・佐藤　優
新・リーダー論
大格差時代のインテリジェンス

トランプ旋風、英国EU離脱――。格差拡大で、過激なポピュリストが台頭している。この激動期にいかなるリーダーが必要か？

1096

佐藤　優
民族問題
佐藤優の集中講義

頻発するテロ、絶えざる国家間対立。人を衝き動かす民族、宗教、資本をダイナミックに論じ、ナショナリズムの正体を解き明かす

1142

エドワード・ルトワック　奥山真司訳
戦争にチャンスを与えよ

「戦争は平和をもたらすためにある」「国連介入が戦争を長引かせる」といったリアルな戦略論で「トランプ」以後を読み解く

1120

本郷和人
日本史のツボ

土地、宗教、軍事、経済、地域、女性、天皇。七大テーマを押さえれば、日本史の流れが一気につかめる。人気歴史学者の明快日本史

1153

塩野七生
逆襲される文明
日本人へ Ⅳ

「イスラム国」の台頭、激発するテロ、軋むEU……ローマ帝国の滅亡を思わせる激動の時代に、歴史は何を教えてくれるのか？

1140

文藝春秋刊